2015年江苏省实验教学与实践教育中心建设专项经费支持

知识产权管理实务技能综合训练

张颖露　朱力影◎编著

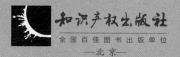

知识产权出版社

全国百佳图书出版单位

—北京—

图书在版编目（CIP）数据

知识产权管理实务技能综合训练／张颖露，朱力影编著 .—北京：知识产权出版社，2021. 12
ISBN 978-7-5130-7993-8

Ⅰ.①知⋯　Ⅱ.①张⋯②朱⋯　Ⅲ.①知识产权—管理—中国—教材
Ⅳ.①D923. 4

中国版本图书馆 CIP 数据核字（2021）第 266940 号

责任编辑：刘　睿　刘　江　　　　　责任校对：王　岩
封面设计：SUN 工作室　　　　　　　责任印制：刘译文

南京理工大学知识产权创新实践教育中心系列教材

知识产权管理实务技能综合训练
Zhishi Chanquan Guanli Shiwu Jineng Zonghe Xunlian

南京理工大学知识产权学院　组织编写

张颖露　朱力影　编著

出版发行：	知识产权出版社 有限责任公司	网　　址：	http：//www. ipph. cn
社　　址：	北京市海淀区气象路 50 号院	邮　　编：	100081
责编电话：	010-82000860 转 8344	责编邮箱：	liujiang@ cnipr. com
发行电话：	010-82000860 转 8101/8102	发行传真：	010-82000893/82005070/82000270
印　　刷：	三河市国英印务有限公司	经　　销：	各大网上书店、新华书店及相关专业书店
开　　本：	720mm×960mm　1/16	印　　张：	13
版　　次：	2021 年 12 月第 1 版	印　　次：	2021 年 12 月第 1 次印刷
字　　数：	196 千字	定　　价：	66. 00 元

ISBN 978-7-5130-7993-8

编委会

编委会主任　吴汉东

总　　序

当前，我国正在深入推进知识产权强国建设，知识产权人才作为建设知识产权强国最基本、最核心、最关键的要素日益受到高度重视。近年来，我国相继发布《深入实施国家知识产权战略行动计划（2014~2020年）》《关于新形势下加快知识产权强国建设的若干意见》《国家创新驱动发展战略纲要》《"十三五"国家知识产权保护和运用规划》《知识产权人才"十三五"规划》等重要政策文件，对我国知识产权人才培养提出了新的要求。

知识产权作为一门独立的学科，有自己独特的研究对象，有自己特有的基本范畴、理念、原理、命题等所构成的知识体系；知识产权作为一种特定的专业，有自己特殊的人才培养目标，也有自己特定的人才培养规格。结合知识产权的学科特点，知识产权人才培养应当符合以下三个基本定位：

第一，知识产权人才应当是复合型人才。知识产权归属于法学，但与管理学、经济学、技术科学等有着交叉和融合，因此知识产权人才应当具备多学科的知识背景。他们除了掌握法学的基础知识外，还应当能够理解文、理、工、医、管等学科的基本原理和前沿、动态，成为懂法律、懂科技、懂经济、懂管理的复合型人才。第二，知识产权人才应当以应用型人才为主。知识产权是一门实践性极强的学科，无论是知识产权的确权与保护，还是知识产权的管理与运营，都是实践性工作。立法、司法机关、行政管理部门、公司企业、中介服务机构等实务部门对知识产权人才有着广泛的需求。第三，知识产权人才应当是高端型人才。知识产权跨学科的特点，意味着单一的本科学历根本无法实现知识产权专业的目标要求，要使

1

知识产权人才有较高的起点、较广博的知识，双学士、硕士、博士、博士后等高学历人才应当成为今后知识产权人才培养的主流。

知识产权人才培养是我国高校中最年轻、最有生命力的事业。但从总体上看，由于当前高校知识产权人才培养在复合型师资、培养方案、课程设置、实验条件等方面存在诸多困难与问题，从而导致我国知识产权人才数量和能力素质与上述目标定位还存在一定差距，特别是高层次和实务型知识产权人才严重缺乏。因此，要以知识产权人才培养定位为目标，提升知识产权人才培养的软硬件条件，实现知识产权人才培养工作的科学化、体系化和制度化，为知识产权强国建设提供坚实的智力支撑。

值得欣慰的是，围绕上述培养目标，我国很多高校已经开始积极探索知识产权人才培养的新途径。例如，南京理工大学知识产权学院，借助工信部、国家知识产权局以及江苏省政府三方共建的契机，在国内率先成立独立建制的知识产权学院，建立起"3+1+2"知识产权本科实验专业、法律硕士（知识产权）专业、知识产权管理硕士点、知识产权管理博士点，并建立了省级知识产权创新实践教学中心。

本套系列教材正是基于上述背景由南京理工大学知识产权创新实践教育中心组织编写的。该系列教材共六本，分别为《知识产权案件审判模拟》《知识产权国际保护》《知识产权代理实务》《专利文件撰写》《专利检索与分析精要》和《企业知识产权管理理论与实践》。从学科背景上看，该系列教材涵盖法学、管理学、经济学、情报学、技术科学等不同学科知识，符合"知识产权人才应当是复合型人才"的要求；从课程设置上看，该系列教材更加注重知识产权诉讼、专利文书撰写、专利检索分析等知识产权实务技能的培养，符合"知识产权人才应当以应用型人才为主"的要求；从适用对象上看，该系列教材既可作为高校知识产权专业本科生和研究生的课程教学教材，也可作为企事业单位知识产权高级法务人员和管理人员的参考教材，符合"知识产权人才应当是高端型人才"的要求。衷心希望通过该套教材的出版发行，总结出我国复合型、应用型、高端型知识产权人才培养的先进经验，以期为加快知识产权强国建设贡献力量。

是为序。

中南财经政法大学文澜资深教授、博士生导师

2017 年 6 月

目　　录

第一章　知识产权管理实务基本问题

【导读】

著名知识产权学者陶鑫良教授曾说："知识产权两张皮，一张是法律，一张是管理。知识产权不仅仅是法律问题，可能进一步表现为管理问题和经营问题。"随着知识产权管理的理念逐渐被人接受，并受到推崇，现在，知识产权管理已经成为热门的话题。要想对知识产权管理实务进行深入理解与研究，首先需要知道知识产权管理到底是什么，它的定位、角度、内容和目标在哪里。本章主要对知识产权与知识产权管理的基础知识进行介绍，为后续实务操作环节的学习奠定基础。

第一节　知识产权基础知识

一、知识产权的界定

（一）知识产权的概念

知识产权（Intellectual Property）一词，最早由 17 世纪中期法国学者卡普佐夫（Gapzov）提出，并由比利时著名法学家皮卡第（Picardie）所发展。皮卡第认为，知识产权属于一种特殊的权利范畴，它不同于一般的物之所有权，它具有时间限制，权利使用不因人数而受限，且可无限再生。随着 1967 年《建立世界知识产权组织公约》的签订，知识产权逐渐得到世界上大多数国家和国际组织的承认，在法学理论界和社会实践中也得以推广与应用。20 世纪 70 年代，根据苏联的民法理论，中国民法理论界使用

"智力成果权"一词指代知识产权。在中国法律中第一次使用"知识产权"的是《中华人民共和国民法通则》，在我国台湾地区则使用"智力成果权"。

关于知识产权概念的界定，有两种表达方式：一是定义法。以明确的一个定义来界定知识产权，例如，郑成思教授认为，知识产权是人们对其创造性的智力成果所依法享有的专有权利；吴汉东教授认为，知识产权是人们对自己的智力活动创造的成果和经营管理活动中的标记、信誉依法享有的权利；刘春田教授认为，知识产权是基于创造性智力成果和工商业标记依法产生的权利的统称；朱雪忠教授认为，知识产权是民事主体对其智力活动创造的成果和经营活动中的标记、信誉等依法享有的运用、保护和管理的专有权利。二是列举法，将知识产权受保护的范围全部列举出来从而予以界定。例如，《建立世界知识产权组织公约》规定，"知识产权"应包括下列项目的权利：（1）文学艺术和科学作品；（2）表演艺术家的表演、录音制品和广播；（3）在人类一切活动领域内的发明；（4）科学发现；（5）工业品外观设计；（6）商标服务标记、商号和其他商业标志；（7）防止不正当竞争；（8）在工业、科学、文学或艺术领域内其他一切来自知识活动的权利。《与贸易有关的知识产权协议》规定，知识产权包括：（1）著作权与邻接权；（2）商标权；（3）地理标志权；（4）工业品外观设计权；（5）专利权；（6）集成电路布图设计（拓扑图）权；（7）未披露过的信息专有权。❶

在综合国际组织的表述与各位学者观点的基础上，本书将知识产权定义为：人们对其智力活动创造的成果和经营活动中的标记、信誉等所享有法律保护的专有权利的统称。

（二）知识产权与相关权利的关系

1. 知识产权与无形财产权、信息产权

从民事权利的分类来看，民事权利分为人身权和财产权，而财产权则

---

❶ 朱雪忠. 知识产权管理［M］. 2版. 北京：高等教育出版社，2016：5.

包括有形财产权（物权）和无形财产权。无形财产权包括创造性成果的财产权、经营性标记财产权、经营性资信权（信用权、商誉权等）。当代社会被称为信息时代或信息社会。信息产权，是指基于人们在收集、拥有信息过程中所享有的财产权利。从信息产权理论的角度来看，知识产权法所保护的作品、发明、商业性标记等知识产品，都可以看作信息的一种类型。

2. 知识产权与发明权、发现权

发明权，是指发明人依法以现有生产技术水平的变革活动取得的创造性成果的权利。它包括发明人对一项不能取得专利或者即便符合授予专利而不愿取得专利的发明所获得的权利。发明权不能等同于发明专利权。发明专利权是发明人依法对其发明创造所享有专利法保护的专有权利。基于专利保护的范围限制，有些发明创造成果并不能获得专利授权。发现权，是指人们对自然现象、特性或规律所提出前所未有的阐述而依法取得的权利（包括人身权和财产权）。发现是对自然界或其客观规律的新认识，如对新星球、数学定理、自然规律的发现等。专利法明确规定，科学发现不属于专利权的保护客体。发明权和发现权更加着重于人身权方面，其并非知识产权意义上的"财产权"。

二、知识产权的基本特征

知识产权作为一种特殊的民事权利，主要具有以下特征。

（1）可复制性。知识产权本身具有无形性，但是知识产权客体可以通过固定在某种有形物上重复再现、重复利用。知识产权具有价值和使用价值，正是由于知识产权客体具有可复制性，才能使知识产权通过附着在其他客体物质载体上而实现其使用价值。

（2）专有性。一项知识产品的专有权利只能授予一次，只确认或者授予一个申请者（含共同所有）。权利人对其拥有的知识产权是唯一的，不可能产生并存的分属两个不同权利人的知识产权。获得知识产权的权利人依法可以独占控制其知识产权，其他人对于知识产权的使用必须经过权利人的同意或许可方能进行。

（3）地域性。一项权利是基于相应的法律所产生，而法律则由各国自主立法。因此，法律的效力范围就带来了"法域"的问题。知识产权是依据一国的法律制度所确定，智慧成果创造者在一国获得法律承认而享有知识产权，并非理所当然得到他国法律制度的自动认可。如果需要在其他地域获得承认和保护，通常需要在该国家法律制度下获得确认或行政性认定。

（4）时间性。权利人对其知识产权享有专有性，独占并排斥他人使用。如果这一权利是无限期的，则社会科技发展和文明进步势必存在受限制的可能；如果这一权利期限过短，发明创造或者设计者的投入成本无法收回，难以获得相应的经济效益，也会抑制创造者的积极性。因此，各国法律都对知识产权规定了一定的保护期限，知识产权在法定期限内有效。当知识产权保护期限届满，则该专有权利就转为社会公共领域，他人可无偿使用。知识产权的时间性，体现了知识产权的利益平衡。

三、知识产权的价值

（一）鼓励创新

人类智慧成果的创造和运用可以在一定程度上对社会发展做出贡献，要想使智慧成果的创造和运用具有长效性和积极性需要相对稳定的制度性保障。创新成果享有的权利并不是自然产生的，而是必须依赖于法律制度的构建，由法律赋予的权利。知识产权制度的建立可以给予创新者对于智慧成果享有在法律上的垄断、专有权利，排斥其他人在某段时间内的非授权使用，从而保障了创新者可以再这段时间内尽力回收其创新投入，并通过知识产权运营获得相应的利益，进而促进其进行再次创新活动。从知识产权的获取到权利的保护，从知识产权运营获得的财产与人身利益到持续推行再创新活动，人类创新行为由此步入良性的循环。

（二）促进经济发展

知识产权作为一种私权，权利人可以基于自身意愿对其进行运营与管理，并由此获得经济利益。在市场经济下，出于私权处分、意思自治的原则，权利人可以对知识产权进行有偿的转让、许可等交易，在提升知识产权利用率的同时促进了文化、科技成果的贸易流转，进而对社会物质文明和精神文明发展做出贡献。当前知识产权是推动经济增长的主要因素之一，知识产权作为重要的生产要素和财富源泉，已成为企业创新的动力和市场竞争力的集中表现，并且日益成为国家、地区经济发展的一项战略性资源。对于知识产权促进经济增长的具体方式，学界的研究结论不尽相同。但是，知识产权促进经济发展的重要性是每一个学者都应该重视的。

（三）维护社会公益

利益，是管理学研究的重要范畴之一，是社会化的需要，是人们通过一定的社会关系表现出来的需要，利益在本质上属于社会关系的范畴。❶制度的设计无不考量利益的分配，因为正是它左右着人的行为，而规范主要是依靠调整人的行为来实现各种利益的获得与让渡。知识产权主要是借助经济、政治、科技等多种因素的交互影响和综合作用而逐渐形成的，由于参与主体的多样化，存在不同类型的利益冲突，最典型的是私人利益与公共利益的冲突。知识产权制度的重要目的也在于保护知识所有者的知识产权。然而，近年来，随着知识产权保护水平的提高，知识产权制度的深入发展，这种具有专有权性质的知识产权呈现不断扩张的趋势，并在消极地影响着社会公众对知识产品的合理需求的充分实现。由于知识财产私权化在法领域的拓展，必然导致原来人们所共有的资源开始划归私人领域，知识财富的公有领域相对地缩小，从而造成知识创造者的个人利益与知识利用者的公众利益之间的冲突。❷ 因此，任何的权利都不应当是绝对的，必须加以一定范围内的限制。出于公共利益的考虑和人权的基本要求，知识产权制度设计在保护弱势群体和公共利益方面，必须对这种资源配置作

---

❶　张玉堂. 利益论——关于利益冲突与协调问题的研究［M］. 武汉：武汉大学出版社，2001：42.

❷　丛雪莲. 论知识产权视域下的利益平衡原则［J］. 改革与战略，2011（11）：34-37.

出良好的平衡设计。❶ 例如，著作权的合理使用、法定许可，专利权的强制许可等，就成为维护社会公共利益之必然。

第二节　知识产权管理基础知识

一、知识产权管理的概念

管理是指组织对其所拥有的各种资源（人、财、物、信息、技术等）通过计划、组织、协调和控制等行为过程，完成组织的目标。管理是协调工作活动使之有效率和有效果的过程，是同别人一起或通过别人使工作活动完成得更有效率和更有效果的过程，也是管理者对管理对象加以计划、组织、协调和控制，使其发展符合组织目标的活动和过程。知识产权管理是指政府机构、高校、科研院所、企业或者其他组织等主体计划、组织、协调和控制知识产权相关工作，并使其发展符合组织目标的过程，是协调知识产权事务的宏观调控和微观操作活动的总和。

从企业微观视角来看，知识产权管理是为规范企业知识产权工作，进一步发挥知识产权在企业运营中的效用，推动企业自主创新行为，强化其自主知识产权能力，而对企业知识产权开发、保护、运营进行的有计划的组织、协调、谋划和利用的管理活动。❷

从国家宏观政策制度视角来看，知识产权管理主要指有关政府部门为确保知识产权法律和政策的顺利实施，维护知识产权权利人的合法权益而进行的立法、行政执法及司法活动，以及知识产权权利人为促使其智力成果发挥最大的经济社会效益而制定各项规章制度和策略的经营管理活动。

此外，学者普遍认为，不管是国家还是企业，知识产权管理都是充分利用知识产权制度和知识产权资源，通过优化知识产权主体要素间及与外

---

❶ 赵转. 论知识产权利益平衡机制 [J]. 河南师范大学学报（哲学社会科学版），2006（4）：104-106.

❷ 刘振刚. 企业知识产权管理理论与实务 [M]. 北京：北京教育出版社，2007：21.

部环境间关系，建立组织核心技术的竞争优势。

二、知识产权管理的特征

知识产权管理作为一种特殊的管理形式，主要具有以下特征。

（1）法律性。管理主体所从事的知识产权管理活动都是在知识产权相关法律法规、规章制度的指引下进行的。知识产权必须依照法律规定合法获得，知识产权管理主体资格必须合法获取，知识产权管理的行为必须在法律规定范围内进行，知识产权管理制度与方式也需要依照知识产权法的特性来制定。

（2）市场性。知识产权制度是市场经济的产物，知识产权管理活动要想获得经济收益必须遵循市场经济规律，一般来说，知识产权交易价格由创造知识产权的社会必要劳动时间决定，并受市场供求关系影响。与法律制度的相对稳定不同，市场竞争始终处于动态调整之中，并不是所有的知识产权管理活动都能获得收益，符合市场特性的有效的知识产权管理可以激励创新、增加收益、提高管理主体的市场竞争力，而与当前市场环境相悖的无效的知识产权管理并不能形成较好的市场竞争力。

（3）动态性。知识产权管理活动应该随着市场环境、知识产权法律状态、知识产权制度、组织内部环境及具体管理制度的变化而变化。❶ 知识产权管理活动是一个与外界环境进行物质和能量交换的开放性活动，伴随着知识、资金、技术、信息等输入及输出，各个管理组织内部、管理组织之间及管理组织与外部环境之间源源不断地进行物质能量的动态交换。知识产权管理主体应当根据市场变化情况、法律状态变化情况、国家知识产权制度和政策的调整、组织内部环境及规章制度的变化等因素对其知识产权管理作出相应的调整。通过知识、技术、产品、数据等新生产要素合理流动、有效集聚，向市场中各个知识产权管理组织传递知识产权资源、能量，促进知识产权事业的稳定有序发展，激活区域或国家知识产权活力。

---

❶ 朱雪忠. 知识产权管理［M］. 2 版. 北京：高等教育出版社，2016：13.

（4）主动性。一方面，知识产权管理主体（企业、科研院所、高校、政府、中介机构等）之间可以进行知识、技术及信息等相互交流、相互作用，促进主体要素之间的合作、利益分享和风险共担，形成功能互补、结构均衡的知识产权管理网络。另一方面，知识产权管理主体主导着组织内部、组织与外部环境之间的交流互动，通过知识产权创造、保护和运用等一系列的主体行为，促进本组织自发、能动地适应外部环境，及时诊断组织的外部环境适应能力及发展水平，并反馈发展状态以调节、控制知识产权管理的运行发展。知识产权管理的主体通过能动性发挥其功能作用，促进组织内部自发创造与运用新知识、新技术、新信息等能量，推动知识产权发展。

三、知识产权管理的目标

知识产权管理的目标是某一周期内管理主体对知识产权预期取得的主要成果的期望值，是管理主体实现知识产权运营维护所追求的长期结果。知识产权管理目标既可以是定性的，也可以是定量的，要有具体的期望值和时间界限。

知识产权管理主体的层次不同，对管理目标的设定也不同。从国家层面来看，知识产权管理的总体目标是利用相关资源，依据知识产权相关制度，强化知识产权意识，完善知识产权法治环境，实现知识产权资源的优化配置，提高知识产权的制造、运用、保护能力，提升自主知识产权的水平和拥有量，促进创新型国家建设。从企业层面来看，知识产权管理的具体目标是提高知识产权产出效率和质量，提升知识产权运用能力，提高知识产权管理水平，完善知识产权管理组织或机构的规章制度，培养知识产权管理人才，奠定企业知识产权文化基础。

四、知识产权管理的功能

权利的确认和授予并非为了授权而授权，权利人也不会仅满足于形式上拥有某项权利。权利的静态支配之确认和动态的流转之利用，构成了知识产权的两大部分。随着经济全球化的不断加深和知识经济的日益彰显，知识产权竞争越来越激烈。创新主体为了在市场竞争中获得并保持优势，获得更多经济效益，加强知识产权管理成为其提升整体管理水平的重中之重。

（一）实现知识产权价值

知识产品不可能自行传播，更不可能自行进入市场交易之中。拥有知识产权并不能自动实现其价值，需要通过权利人的占有、使用、收益、处分等行为将知识产权的具体权能进行转换来体现。有效管理知识产权，使其通过特定形式交易、传播，并得到相应的对价，在满足社会对知识产品需求的同时，实现知识产权的经济价值和社会价值。

知识产权授权量是衡量一个国家知识产权制度或者科技发达程度的标志，但不是绝对唯一的标志，知识产权的运用（实施）率，则是深层次反映知识产权制度对社会发展影响的一个量值标准。习近平总书记在党的十九大报告中明确指出："我国经济已由高速增长阶段转向高质量发展阶段。"当前，我国经济发展进入新时代，知识产权已经成为我国经济高质量发展的重要战略资源。随着我国经济发展从"重视数量"转向"提升质量"，从"规模扩张"转向"结构升级"，从"要素驱动"转向"创新驱动"，知识产权更加需要通过有效管理在其中释放更大发展动能。

（二）促进知识产权创造

在政府层面，知识产权管理主要着眼于本地区宏观层面的知识产权发展，结合本地区实际情况出台各具特色的调控、引导政策，如设立专利或商标申请资助资金、将知识产权转化率纳入考核地方部门的指标体系等。由此可以提高本地区的知识产权数量和质量，促进知识产权创造水平。

在企业层面，一方面，知识产权管理可以及时了解与本单位相关的国内外技术动态，避免低水平重复研究，节约人力和资金资源，提高创新研发的起点，使知识产权创造的目标更加明确。另一方面，企业内部合理的知识产权利益分配与奖励制度，可以提高发明人、设计人的创造积极性，提升企业知识产权创造效率。

（三）加强知识产权保护

知识产权管理本身就是对知识产权的保护，知识产权的科学管理奠定了知识产权维权的基础。一是通过加强技术人员和技术成果管理，明确技术人员的权利义务，以及技术成果的权利归属，从而最大限度地避免因资产流转和人员流动而引发的知识产权纠纷。二是建立知识产权侵权预防机制和被侵权时的快速反应机制，从而增强创新主体的知识产权保护能力，在衡量、降低维权成本，选择维权途径，确定维权方案等方面发挥重要作用。三是通过积累知识产权创造与运营过程中的可靠证据，将知识产权取得和实施等过程中的重要资料分类管理，并完整保存，为维权提供可靠的证据支持。

第三节　知识产权管理的基本内容

一、以管理过程划分的基本内容

以管理过程作为划分标准，可以将知识产权管理分为创造、运用、保护三个部分。

（一）知识产权的创造

知识产权的创造是指创新主体实施知识创新行为，并根据相关法律将智慧成果转变为知识产权的过程。例如，将技术成果申请专利，将产品名称进行商标注册来保护企业品牌和信誉。知识产权创造不只是创新主体的行为，在智慧成果创造与转化过程中，政府、企业、发明人、设计人、消费者、中介机构等都不同程度地参与其中，并对知识产权授权行为与结果产生一定影响。

（二）知识产权的运用

知识产权管理的最终目的是利用知识产权创造经济价值。知识产权运营指知识产权权利人和相关市场主体优化资源配置，采取一定的商业模式实现知识产权价值的商业活动。知识产权运营方式主要包括专利的布局、组合、托管、转让、许可、融资、作价入股、构建专利池、形成技术标准、专利诉讼等。

（三）知识产权的保护

知识产权保护，在宏观层面是指政府进行知识产权立法、确权、审查授权、防止侵权和打击侵权等执法的全过程；在微观层面是指权利人根据相关法律法规防止自己的知识产权被侵权，以及被侵权后采用行政或司法手段进行维权和获取经济补偿等行为。

二、以管理主体划分的基本内容

以管理主体作为划分标准，可以将知识产权管理分为政府管理、权利人管理、社会公众管理三个部分。

（一）政府管理

政府对知识产权的管理主要是通过法制、政策等方法对本地区知识产权的管理和运用作出一套宏观的制度性安排，目的是有效运用知识产权保护制度，充分维护本国国民、法人及其他组织合法权益，谋求国内社会发展秩序与速度、寻求国际良好发展环境、保持国家竞争力。目前，我国政府的知识产权管理主要聚焦以下几个方面。

一是简政放权。进一步简化知识产权申请材料，落实好停征或调减部分专利、商标收费等各项利企便民举措，让企业和群众有更多获得感。降低专利代理行业准入和专利代理人考试报名资格，加强事中、事后监管，实行"双随机、一公开"，规范代理行业秩序，提高代理行业水平。

二是知识产权监管。加快完善知识产权保护体系，统筹推进知识产权"严保护、大保护、快保护、同保护"各项工作，管出公平和秩序，构建依法严格保护知识产权的良好环境。指导推进专利、商标综合执法，加强原产地地理标志保护，避免多头执法。建立侵权惩罚性赔偿制度，提高侵权违法成本。加快知识产权保护中心建设和布局，为社会公众提供便捷、高效、低成本的维权渠道。加强知识产权信用体系建设，让恶意侵权者"一处违法、处处受限"。

三是知识产权公共服务。通过加强审查员队伍建设、优化审查管理流程、创新工作机制模式、引入人工智能等现代信息技术，多措并举提高知识产权审查质量和审查效率，满足社会需求。着力搭建知识产权运营公共服务平台，推动知识产权大数据中心建设，促进知识产权综合利用。推进"互联网+政务服务"，实现专利、商标、原产地地理标志、集成电路布图设计等各类知识产权业务"一网通办"，提高服务效能和水平，助力创业创新。

（二）权利人管理

知识产权权利人对知识产权的管理，是通过拥有知识产权来实现对其的支配与控制的，主要的管理方式有以下几个方面。

一是自己实施。自己申请商标注册，在生产、服务中实际使用，将自己的专利技术运用到自己的产品生产中，自己发表作品等，都是自我实施知识产权的表现。通过知识产权所有人的实施，知识产品在社会中得以传播，社会大众也就获得了带有知识产权的相应商品或服务。

二是转让给他人实施。作为私权，知识产权具有可转让性，知识产权所有人可将其财产权全部或者一部分甚至在确定一定的时间内转让给受让人。由于著作权具有人身、财产的双重属性，因此著作权的财产权是可以转让的，而著作权的人身权（如署名权等）不能转让。

三是许可他人使用。许可使用是指知识产权所有人将其知识产权中的全部或者部分权能许可他人利用的法律行为。通常，知识产权所有人与受许可方签订许可合同，向受许可方收取一定的知识产权使用费。由于创作活动逐渐演变成了职业创作者的专门行为，获得权利者不一定自己具备实施的工业条件，因此催生了创作活动获得知识产权，通过转让或者授权他人使用来获取利益的方式。

四是设立信托实施。专业化创作与职业化管理，凸显了社会分工不断细化的过程。在"凡事皆可信托"的普通法思想影响下，受托人接受委托人交付的知识产权，按照约定之目的进行管理和处分的知识产权信托现象也逐渐为人们所接受。在著作权领域，集体管理就是一种典型的信托管理方式。

五是设立质权。将知识产权设定质权，当债务到期不能履行时，质押权人可要求将知识产权通过法定程序拍卖或者变卖，质押权人对其所得款项有优先的受偿权。知识产权可设定质权，体现了知识产权作为一种财产权应有的性质。

（三）社会公众管理

基于知识产权利益平衡原则，在某些特殊情形下，为了维护社会公共利益，社会公众可以不经过知识产权权利人同意而利用知识产权。

一是合理使用。这是依据法律规定，他人不必征得知识产权人的同意，也无须向其支付报酬而自由使用知识产品的制度性安排。合理使用制度设置，是通过对知识产权的限制而实现促进文化传播和实现人类文明共享之目的。不同的国家以及在不同的历史时期，对合理范围的界定可能并不完全一致。一般来说，合理与否，应综合三个方面加以衡量：知识传播的客观需要、对知识产权人商业利益实现之影响、社会大众分享社会文明进步成果的利益平衡。

二是法定许可。这是指根据法律的直接规定，以特定方式使用已经公知的知识产品，可不经知识产权人同意但必须支付费用而使用的制度性安排。法定许可主要出现在著作权领域。从作品已经向社会公开发表的现实，可以推定著作权人对其作品进入公用领域，允许他人使用，从而促进作品传播的本意。因此，任何人进一步传播作品的使用，是符合著作权人本意的，只是在使用其作品时应当按规定向著作权人支付报酬。

三是强制许可。这是在特定的条件下，由知识产权主管机关应当事人的请求而强行许可他人使用，使用者向知识产权人支付费用的制度性安排。在专利制度和著作权制度中，强制许可作为一种特殊的制度性安排被保留下来。强制许可具有法定许可的替代功能，是在普适性法定许可制度之外的一种特殊性法定程序许可，也是对知识产权最底线的限制。

【思考与练习】

1. 如何理解知识产权的含义？

2. 知识产权的特征是什么？

3. 知识产权的类型及其特征有哪些？

4. 如何正确理解知识产权制度的作用？

5. 如何理解知识产权管理的含义？

6. 知识产权管理的目标是什么？

7. 知识产权管理的特征是什么？

8. 如何正确理解知识产权管理的作用？

9. 知识产权管理的主要内容包括哪些？

10. 知识产权与知识产权管理的关系是怎样的？

第二章 商标管理实务

【导读】

随着市场经济的发展，商标数量呈指数级增长。一个商标所代表的不仅仅是产品的本身，同时也代表着生产者或销售者在消费者心目中的形象。因此，对商标的管理、使用、保护均具有重要的意义。本章主要对商标的概念、特征、作用，以及如何注册商标、维护商标和使用商标进行学习，以期掌握商标管理的实务知识。

第一节 商标管理基础知识

一、商标的概念

商标是商品经济发展到一定阶段的产物，是商品生产者或经营者为了使自己销售的商品在市场上同其他商品生产者或经营者的商品相区别而使用的一种标记。

我国《商标法》第 8 条规定："任何能够将自然人、法人或者其他组织的商品与他人的商品区别开的标志，包括文字、图形、字母、数字、三维标志、颜色组合和声音等，以及上述要素的组合，均可以作为商标申请注册。"由此可见，商标的使用者是商品的生产者、制造者、加工者、拣选者或经销者，而不是消费者，被标记物是在市场上售卖的商品，而不是普通的私有物品，标记的直接目的是区分商品来源，最终目的是出售商品。

（一）商标与商号

商号是指从事生产或经营活动的经营者在进行登记注册时用以表示自己营业名称的一部分。企业的商标与商号都属于商业标识，都具有识别作用，因而它们具有非常密切的联系。但是，两者所识别的对象不同，这又决定了它们之间的法律性质和地位的不同。

首先，功能和作用不同。商号是用来区分不同的企业，而商标是用来区分不同的商品。一般而言，一个公司只能有一个商号，而商标则可以根据不同的商品分别注册不同的商标，在一定情况下商号还能作为商标使用，而商标不能直接作为商号使用。

其次，表现形式不同。根据《企业名称登记管理规定》，商号一般只能用两个以上的汉字组成，而根据我国《商标法》的规定，商标可以由数字、图形、拼音、颜色和英文字母等组成。

最后，使用的范围和效力不同。从地域范围来看，我国商标一旦注册在全国都是有效的；从时间范围来看，商标权的有效期为 10 年，且可以进行续展。而商号权则是有一定的区域限制，通过核准后只能在一定的区域内使用，但是对于商号的使用期限没有限制，即只要一经通过就可终身使用。

（二）商标与商品名称

商品名称，是指用以区别其他商品而使用在本商品上的称谓，其作用在于将一种商品与另一种商品区别开来。例如，裤子、椅子、自行车、电视机、手表等。商标和商品名称的区别主要在以下三个方面。

首先，独占性不同。商标具有专有性和独占性，未经商标所有人许可，他人不得擅自使用；而商品名称具有大众性，为公众所有，一般情况下不受法律保护，只有知名商品的名称，才能获得《反不正当竞争法》的保护。

其次，功能不同。商标的最基本功能是商品来源的标识。企业之所以使用商标，就是为了使自己的商品或服务能和其他企业的类似商品或服务区分开来；而商品名称是用来区别不同种类的商品或者同种类商品中的特定商品，但无法区别不同商品的生产者和销售者。

最后，认定条件不同。商标必须经过申请核准后，才能成为注册商标，而商品名称是自然产生的，无须办理任何手续。应当注意的是，如果商标的所有人对商标的使用不当、保护不当，则有可能商标会自然转化成家喻户晓的商品名称。例如，尼龙、阿司匹林等。

（三）商标与商品装饰

商标和商品装饰虽然是两个不同的概念，但二者在商品销售过程中往往不可分离。商标与商品装饰的相同之处：商标是商品包装装饰的一部分，二者同时使用于商品包装上。二者的区别在于以下三个方面。

首先，使用目的不同。商标是商品的标记，是商品生产者、经营者为了使自己的产品与他人的产品相区别，而直接用于商品上的标志。而商品装饰是以商品为对象的美术形式，是为了美化商品，引起美感和需求欲望，吸引顾客购买。

其次，稳定性不同。商标是不能随意改变的，一经使用，就具有相对的稳定性。而商品装饰完全可以根据市场情况推陈出新，以吸引顾客。

最后，受保护的方式不同。商标是由《商标法》来调整的，商标可以通过注册取得专用权，而商品装饰可以作为美术作品受著作权保护，也可以作为实用性设计受外观设计专利权保护，知名商品的装饰还可以受《反不正当竞争法》保护。

延伸阅读："猫外形钟"商品装饰案

广州某公司生产的"猫外形钟"使用了与美国某公司在先使用的"GARFIELD"牌猫形钟相近似的商品外包装。美国某公司向广州市工商行政管理局进行了投诉。对于此案，广州市工商局认为，广州某公司的行为构成了《反不正当竞争法》所规定的"擅自使用与他人有一定影响的商品名称、包装、装潢等相同或者近似的标识"的不正当竞争行为，对其进行了侵权包装的收缴，并处以罚款。

在上述案例中，美国某公司生产的"GARFIELD"牌猫形钟属于钟表

行业的知名品牌，其特有的包装应当受到法律的保护。广州某公司生产的"猫外形钟"，故意使用与美国某公司相近似的商品外包装，目的是使购买者误认为其商品就是美国某公司的猫形钟，最终购买其商品。知名的商品包装在一定程度上能够引导消费者区别商品来源，所以对于有意模仿知名的商品包装，进而误导消费者的行为，应当依法予以取缔。

二、商标的特征

（一）识别性

识别性是商标最基本的功能，商标既区别于具有叙述性、公知公用性质的标志，又区别于他人商品或服务的标志，从而便于消费者识别。我国《商标法》第9条第1款规定："申请注册的商标，应当有显著特征，便于识别，并不得与他人在先取得的合法权利相冲突。"

（二）独占性

注册商标所有人对其商标享有专用权、独占权，未经注册商标所有人许可，他人不得擅自使用。商标是商品生产者或经营者专用的标志，是用来区别市场商品的标志。现代的商品性能、结构较为复杂，又有包装材料的遮盖，特别是市场的繁荣和售货方式的发展，以及超级市场的出现，给人们现场购货带来了一定难度。人们只能凭借对企业的信赖和对商标的印象购货。所以，商标对于生产者、经营者来讲，代表着信誉，不允许他人侵犯和损害，不允许出现混淆和误认。因此，商标具有独占性和排他性。

（三）显著性

商标的显著性是商标的本质属性，是商标能够获得注册的基本条件。商标的构成要素可以是汉字、字母、数字、图案、名称、产品的形状或其外观、颜色、声音以及上述要素或标志的组合。由此构成的商标应具有显著的特征，只有个性特色鲜明、表现感染力强的商标，才不易与他人的商标相混同。也只有将具有鲜明个性的标记用于特定的商品或服务，才能起

到商标的作用。❶

三、商标的类型

随着商品经济的发展，商品的品种越来越多，商标的使用也更加广泛。《商标法》第 3 条第 1 款规定："经商标局核准注册的商标为注册商标，包括商品商标、服务商标和集体商标、证明商标；商标注册人享有商标专用权，受法律保护。"这是《商标法》对法律所保护的注册商标种类的划分，而在实践中对商标类型的划分并无统一标准。我们可以从不同角度，用不同的标准来划分商标的种类。

（一）以商标专用权为划分标准

根据商标是否经核准注册取得商标专用权，可以将商标分为注册商标与未注册商标。

1. 注册商标

注册商标指经商标行政管理机关核准注册的商标，即已刊登有效注册公告的商标。我国实行商标注册制度，需要取得商标专用权的，应当向商标局申请商标注册。注册是取得注册商标权的根据。注册商标享有《商标法》赋予的所有权利。

2. 未注册商标

未注册商标指未经商标行政管理机关核准注册的商标，包括未提出注册申请的商标、已申请的或者处于审查过程的商标，以及已经商标行政管理机关初步审定或者已刊登初步审定公告，但尚未刊登注册公告的商标。根据《商标法》的规定，除必须使用注册商标的商品，必须申请商标注册外，未注册商标可以使用，并且在被抢注时有异议权和撤销权。未注册商标不享有商标专用权，但享有《商标法》及其他相关法律赋予的某些权利。一是在先申请的商标拥有在先取得商标的权利。已申请注册，但尚未

---

❶ 国家工商行政管理总局．商标注册与管理［M］．北京：中国工商出版社，2012：82.

取得注册的商标属于未注册商标，然而按《商标法》规定，可以排斥在后的相同与近似商标在相同与类似商品上的注册申请。二是未注册商标可以受到其他法律保护。未注册商标的文字或者图案是作品的，可以受到《著作权法》保护；商标具备外观设计保护条件的，可以受到《专利法》保护；以个人的肖像或姓名作为商标使用的，可以受到《民法典》的保护。然而使用未注册商标必须符合一定条件和承担一定风险：一是不得侵犯他人注册商标专用权；二是不得违反《商标法》禁止性规定；三是未注册商标成为商品通用名称的风险；四是丧失取得注册商标专用权机会的风险。❶

（二）以识别对象为划分标准

根据商标的识别对象，可以将商标分为商品商标和服务商标。

1. 商品商标

商品商标是商品的生产者或经营者为了将自己生产或经营的商品与他人生产或经营的商品区别开来，而使用的标志。商品商标可以是具有某种含义或毫无任何意义的文字、图形或其组合。只要不违反法律的禁用条款，不损害公共道德或他人的利益，具有商标的显著性，均可成为商品商标。其识别对象是一般商品，例如，用于饮料上的"可口可乐"，用于家用电器上的"SONY"，用于汽车上的"TOYOTA"，用于服装上的"李宁"等。

2. 服务商标

服务商标（又称服务标记或劳务标志）是提供服务的经营者，为将自己提供的服务与他人提供的服务相区别而使用的标志。与商品商标一样，服务商标可以由文字、图形、字母、数字、三维标志和颜色组合，以及上述要素的组合而构成。

在经济活动中，有些企业的"产品"不是作为有形的商品提供给消费者，而是作为某种商业性质的服务项目用以满足消费者的需求。例如，旅游服务、修理服务、保险服务、娱乐服务、交通服务、邮电服务，等等。

---

❶ 国家工商行政管理总局. 商标注册与管理［M］. 北京：中国工商出版社，2012：81.

不同企业提供的这类不同"产品"，也需要有不同标记将它们区分开。例如，中国"民航"、英国"英航"、德国"汉莎航空"等，它们都提供同一服务，但各自有不同的服务标记。根据《商标注册用商品和服务国际分类尼斯协定》，服务商标所使用的对象有广告与实业、保险与金融、建筑与修理、交通与储藏、材料处理、教育与娱乐、杂务等。

（三）以功能和用途为划分标准

根据商标的特殊功能与用途，可以将商标分为普通商标、驰名商标、集体商标和证明商标。

1. 普通商标

普通商标是指自然人、法人或者其他组织用于自己生产、制造、加工、拣选、经销的商品，或者在自己提供的服务中使用的商标。

2. 驰名商标

驰名商标，是指在市场上享有较高声誉、为相关公众广为熟知，并具有较强竞争力的商标。驰名商标与非驰名商标的界定，不是以注册与否为准，而是商标在市场上的公信力和相关公众的熟知度，即注册的商标未必是驰名商标，驰名商标未必都经注册。对未注册的驰名商标可以按"使用原则"予以保护。

3. 集体商标

集体商标是指以团体、协会或者其他组织名义注册，供该组织成员在商事活动中使用，以表明使用者在该组织中的成员资格的标志。集体商标的作用是向用户表明使用该商标的企业具有共同的特点。如"连城红心地瓜干""镇江香醋"都是集体商标。使用集体商标的企业有权同时使用自己独占的其他商标。

4. 证明商标

证明商标是指由对某种商品或者服务具有监督能力的组织所控制，而由该组织以外的单位或者个人使用于其商品或者服务，用以证明该商品或者服务的原产地、原料、制造方法、质量或者其他特定品质的标志。如"库尔勒香梨""安溪铁观音"都是证明商标。证明商标的所有人是协会、团体，且具有监督、检测某商品的能力，证明商标的使用人可以是任何人。使用证明商标的意义在于向消费者表明该产品或服务达到规定的条件或标准。❶

（四）以构成要素为划分标准

1. 文字商标

文字商标，是指纯粹使用文字构成的商标，包括中文（汉字或拼音）商标、外文商标和数字商标。在商标的"家族"中，文字商标的使用率是最高的。其优点是直观、易记又便于宣传，所以文字商标成为许多企业设计商标的首选。商标文字可以使用繁体字，无论是简体字还是繁体字，都必须书写正确、规范，不得使用错字和不规范的汉字。少数民族文字可以作为商标申请注册，为了便于审查，应当说明是何种文字，并说明含义。商标为外文或者包含外文的，应当说明含义。特殊设计的文字应当附送商标设计说明。

2. 图形商标

图形商标，是指用几何图形或其他事物图案构成，使用在商品或服务上的标志。图形商标的使用既有其便于识别的一面，又有不容易用语言向他人描述的弊端。这类商标的优点是直观、艺术性强、富有感染力，而且不受语言的限制，不论哪国人讲何种语言，一般都可以看懂，可以给人留下较深的印象。但是，一些比较抽象的图形商标，因没有具体的称谓，有碍人们的口头交流，不便于广告宣传。

3. 组合商标

组合商标，即由文字、图形或数字等组合而成，使用在商品或服务上的标志。组合商标具有图文并茂、形象生动、引人注意、容易识别、便于称呼等优点。但文字与图形的组合必须协调，表达的中心思想必须明确，不可用牛的文字配合马的图案，令消费者不知所云。这种中心思想不突出，

---

❶ 国家工商行政管理总局. 商标注册与管理［M］. 北京：中国工商出版社，2012：79.

缺乏显著性的组合商标，不仅令消费者费解，在申请人提交此类商标注册申请时，也难以获得核准注册。

4. 声音商标

声音商标是非传统商标的一种，与其他可以作为商标的要素（文字、数字、图形、颜色等）一样要求具备能够将一个企业的产品或服务与其他企业的产品或服务区别开来的基本功能，即必须具有显著特征，便于消费者识别。声音商标在市场营销领域应用的比较早，但是由于声音商标有别于传统意义上的商标，具有不可视的特点，通常不被作为商标看待，因此，声音商标的保护问题一直是个难题。这个问题直到 WTO 的 TRIPS 的出现才取得了进展，TRIPS 第 15 条对保护客体部分约定为"任何标记或标记的组合，只要能区分一企业和其他企业的货物或服务，就应可构成一个商标"，并将此作为对于缔约方的基本要求。2013 年 8 月 30 日，十二届全国人大常委会第四次会议表决通过《全国人民代表大会常务委员会关于修改〈中华人民共和国商标法〉的决定》，增加了可以注册的商标要素，规定声音可以作为商标注册。

5. 气味商标

气味商标，是指以某种特殊气味作为区别不同商品和不同服务项目的标记。作为判例法国家的美国，第一次确定气味商标的案例发生于 1990 年，在美国销售的一种散发着"夹竹桃花香味"的绣花线和纱线申请将这种香味作为绣花线和纱线使用的注册商标。

6. 触觉商标

触觉商标是指通过质地平整光洁程度区别商品或服务出处的商标。一些企业在名片、信封、公司简介、包装袋乃至前厅接待桌面、员工服装上使用特殊的材料，以达到与众不同的效果。❶

---

❶　国家工商行政管理总局．商标注册与管理［M］．北京：中国工商出版社，2012：80.

四、商标的作用

（一）便于消费者区分商品或服务的来源

商标的使用可以让消费者区分不同商品或服务的功能和来源，从而引导消费者认牌购物或消费。当代社会，同一商品的生产厂家成百上千，同一性能的服务也比比皆是，消费者怎样才能准确地选择自己所认同的厂家的商品或服务呢？商标就可以帮助消费者达到这一目的。商标是商品或服务呈现在消费者眼前的"脸"，不仅代表着产品的来源和质量，也代表着生产者或经营者的信誉。因此，商标给消费者留下的评价和影响，能够引导消费者获得满意的商品或服务。例如，市场上的空调产品琳琅满目，有"海尔""奥克斯""美的"等，这些不同的商标，表示了相同商品的不同来源，从而把生产厂家区别开来。

（二）促使生产者与经营者提高商品或服务的质量

商品或服务的质量是商标信誉的基础。商标在引导消费者认牌购物或消费的同时，又促使生产者或经营者为维护自己的商标信誉而努力提高产品或服务的质量。商标与其所指定的商品或服务是相互作用的，商标信誉可反映质量，质量稳定又可提高商标信誉。对于消费者而言，如果一个商品或服务没有商标，消费者在消费时就会心中没数，甚至担心受骗上当无处可查。而使用了注册商标的商品或服务，则增加了顾客对消费项目的安全感，即使其消费受到损害，也可以很快查到出处，提出索赔，挽回损失。商标虽不是商品或服务质量的直接标志，但是如果消费者经过长期地、反复地消费某一品牌的商品或服务，在消费者心目中必然会产生一种消费信任感，进而吸引消费者继续认牌消费。因此，市场上生命力长久的商标体现了该商标所标示的商品或服务的稳定质量。对生产经营者而言，必须不断提高和改进其产品质量和服务质量，以维护其商标的信誉，保证其生产的商品质量与提供的服务具有相同的质量标准，以吸引消费者购买自己的商品或服务。

（三）有利于市场竞争和广告宣传

在市场竞争中，商标是生产者或销售者手中的一把利器，也是开拓市场的先锋。商标在消费者的心目中代表着信誉和质量，信誉和质量关系到市场的占有率，而市场占有率的大小也就决定了其经济效益的高低。一种商品要打开销路，为广大消费者所认识，除保证质量的可靠性外，还必须通过商标这一焦点进行广告宣传，刺激消费者的购买欲望，使消费者以最快捷的途径认识商品。所以，从这一角度上讲，商标是开拓市场的先锋。商标通过自己独特的名称、特有的图案、鲜明的标记、质量的象征招徕顾客，吸引购买，占有市场。商标的拥有者可以通过对商标本身的反复宣传，搭建与消费者之间的桥梁，使消费者通过认知商标放心地购买其生产的商品或者提供的服务。

第二节　商标注册申请

商标权的取得并不是创作完成之时自动产生的。商标权的取得主要有两种途径：一是使用取得，二是注册取得。而我国与世界上大多数国家一样，采取注册获得商标权的方式。

一、商标注册原则

（一）申请在先原则

申请在先的原则，是指两个或两个以上的商标注册申请人，在相同或类似的商品上申请注册相同或类似的商标时，申请在先的商标可以通过核准注册而获得商标权。申请在先的原则是商标注册中根据申请的时间先后来确立申请顺序的原则。例如，甲在食品上使用一枚普通的图形商标，但是没有注册。乙在家具上也使用该相同的商标，随后将之申请注册并获得注册商标证书，当该注册商标 10 年期满后，乙并未办理续展手续。鉴于此，甲使用的商标未经核准注册，因此不具有专有、排他的权利；乙的商标获得了注册，在被核准的范围内拥有专有性，而期满后乙没有续展，故其商标专用权因期满而丧失。

按照申请在先原则，无论商标是否已经在商业活动中使用，都可以通过申请而获得商标权。在实践中，商标申请可能出现一些特殊情况，不能按照申请在先原则确定，而需要按照特殊规定处理。（1）两个申请人同一天申请商标的处理。《商标法》第31条规定："两个或者两个以上的商标注册申请人，在同一种商品或者类似商品上，以相同或者近似的商标申请注册的，初步审定并公告申请在先的商标；同一天申请的，初步审定并公告使用在先的商标，驳回其他人的申请，不予公告。"这一规定表明我国实行的是以申请在先原则为主，使用在先原则为辅的商标申请审核制度。在程序要求上，《商标法实施条例》第19条规定："两个或者两个以上的申请人，在同一种商品或者类似商品上，分别以相同或者近似的商标在同一天申请注册的，各申请人应当自收到商标局通知之日起30日内提交其申请注册前在先使用该商标的证据。同日使用或者均未使用的，各申请人可以自收到商标局通知之日起30日内自行协商，并将书面协议报送商标局；不愿协商或者协商不成的，商标局通知各申请人以抽签的方式确定一个申请人，驳回其他人的注册申请。商标局已经通知但申请人未参加抽签的，视为放弃申请，商标局应当书面通知未参加抽签的申请人。"（2）对使用在先的正当性的判断。《商标法》第32条规定："申请商标注册不得损害他人现有的在先权利，也不得以不正当手段抢先注册他人已经使用并有一定影响的商标。"由此可见，商标的申请在先必须符合诚实信用原则：一是对他人现有的在先权利的保护，例如著作权、肖像权等；二是对他人使用在先并具有一定影响力的未注册商标予以保护。对于他人使用在先并具有一定影响力的未注册商标予以保护，未注册商标所有权人在对抗他人的商标申请时，必须证明自己的商标已经在使用并具有了一定影响力，同时还要证明他人的注册具有主观恶意或采取了不正当的手段。

（二）自愿注册原则

自愿注册原则，是指商标使用人是否申请商标注册取决于其自己的意愿的原则。在自愿注册原则下，商标注册人对其注册商标享有专用权，受法律保护。未经注册的商标，可以在商业活动中使用，但其使用人不享有商标专用权，无权禁止他人在同种或类似商品上使用与其商标相同或近似的商标。

采用商标自愿注册原则，有利于商家根据自己具体的经营情况进行商标管理。对于准备长期使用的商标，可以通过注册的方式获得商标权，以获得商标法的保护。出于商标管理成本或者商标使用时间短等原因，商家也可以选择不注册而是直接在商业活动中使用商标。从权利人的角度来看，获得注册的商标不仅在全国范围内有保护作用，而且在遇到侵权纠纷时易于举证，这是未注册商标所不能具有的好处。

还需要注意的是，我国在自愿注册原则之下，对于特殊商品进行商标强制注册管理，即人用药品和烟草制品，必须进行商标注册后才可在市场销售。

（三）优先权原则

商标注册申请人自其商标在外国第一次提出商标注册申请之日起 6 个月内，又在中国就相同商品以同一商标提出商标注册申请的，依照该外国同中国签订的协议或共同参加的国际条约，或按照相互承认优先权原则，可以享有优先权。在国际展览会上首次使用的商标优先权，即商标在中国政府主办的或承认的国际展览会展出的商品上首次使用，自该商品展出之日起 6 个月内，该商标的注册申请人可以享有优先权。

由此可见，商标申请的优先权有两种：一是首次申请而产生的优先权；二是首次展览而产生的优先权。无论是因首次申请还是因首次展览而产生的优先权，都不是自动产生的。相关的申请人应当在提出商标注册申请的时候提出书面声明，并且在 3 个月内提交商标法规定的各种文件。在规定期限内未提出书面声明或者逾期未提交相关文件的，将被视为未要求优先权。例如，2008 年 5 月，甲公司欲注册"丽美芬"商标用于其生产的新型美体内衣上，正在准备相关材料提交商标注册申请之际，接到我国政府主办的"2008 年度内衣国际展销会"的参展邀请，甲公司决定参加此次展销，但又担心展销后"丽美芬"商标被他人抢注。公司若决定参加 2008 年

6月1日举行的"2008年度内衣国际展销会"的展销活动，就应当注意收集好展览会名称、在展出内衣上使用"丽美芬"商标的证据、展出日期等证明文件。依据参加此次我国政府主办的国际展会的相关材料，2008年11月30日以前，只要公司向商标局提交在内衣上使用"丽美芬"商标注册申请与该商标首次展览而产生的优先权申请，那么"丽美芬"商标注册申请的申请日就应当确定为2008年6月1日。

二、商标注册申请人

《商标法》第4条明确规定："自然人、法人或者其他组织在生产经营活动中，对其商品或者服务需要取得商标专用权的，应当向商标局申请商标注册。不以使用为目的的恶意商标注册申请，应当予以驳回。本法有关商品商标的规定，适用于服务商标。"由此可见，在商标申请人的问题上，"自然人、法人或者其他组织"都可以向商标局提出商标申请注册。如果是两个以上的自然人、法人或者其他组织，可以共同向商标局申请注册同一商标，共同享有和行使该商标专用权。

结合我国国情，针对以下两种情况又作了一些补充性规定：一是对于国内的党政机关和党政干部，根据《中共中央、国务院关于严禁党政机关和党政干部经商、办企业的决定》（1984年12月3日），党政机关和党政干部不具备商标申请主体资格。二是对于自然人作为申请主体的资格条件。2007年公布的《自然人办理商标注册申请注意事项》对国内自然人申请商标注册进一步进行了明确规定。该注意事项规定国内自然人以自然人名义办理商标注册、转让等申请事宜，应限于个体工商户、农村承包经营户和其他依法获准从事经营活动的自然人，且其提出商标注册申请的商品和服务范围，应以其在营业执照或有关登记文件核准的经营范围为限，或者以其自营的农副产品为限。❶ 即自然人必须具有经营资格并且在经营范围内才能申请注册商标。

---

❶ 国家工商行政管理总局. 商标注册与管理［M］. 北京：中国工商出版社，2012：88.

另外，外国人或者外国企业在中国申请商标注册，应当按其所属国和中华人民共和国签订的协议或者共同参加的国际条约办理，或者按对等原则办理。

三、商标类别的确定

商标是区别商品或服务来源的一种标志，每一个注册商标都是指定用于某一商品或服务上的。如提到长虹，人们会想到彩色电视机；提到茅台，人们会想到酒；提到联想，人们会想到电脑，等等。应该说，离开商品或服务而独立存在的商标是不存在的。所以，在办理商标注册申请时，正确表述所要指定的商品或服务及其所属类别，是商标申请人首先会遇到的问题。

许多不同的部门出于管理、统计等工作需要都要对商品进行分类。如从国民经济管理的角度，通常将商品分为工业品和农产品两大类，工业品又分重工产品和轻工产品，重工业产品又可划分为冶金工业产品、机械工业产品，等等。国家商标主管机关为了商标注册和管理的需要，也需要对商品进行分类。商标注册和管理，应该说是一项庞大、复杂的系统工程，商品及服务分类是商标局的一项基础工作。截至 2021 年 6 月底，我国有效注册商标量 3354.8 万件，如果没有一套科学的分类管理体系，要想检索、查询、调阅一个商标，就像大海捞针一样，非常困难。

（一）商品分类表的确定

尼斯协定是一个由多国参与的国际公约，其全称是《商标注册用商品和服务国际分类尼斯协定》。该协定于 1957 年 6 月 15 日在法国南部城市尼斯签订，1961 年 4 月 8 日生效。尼斯协定的成员国目前已发展到 65 个。我国于 1994 年 8 月 9 日加入尼斯联盟。尼斯协定的宗旨是建立一个共同的商标注册用商品和服务国际分类体系，并保证其实施。目前，国际分类共包括 45 类，其中商品 34 类、服务项目 11 类，共包含 1 万多个商品和服务项目。申请人所需填报的商品及服务一般说来都在其中。不仅所有尼斯联盟成员国都使用此分类表，而且，非尼斯联盟成员国也可以使用该分类表。

所不同的是，尼斯联盟成员可以参与分类表的修订，而非成员国则无权参与。尼斯分类表定期修订，一是增加新的商品，二是将已列入分类表的商品按照新的观点进行调整，以求商品更具有内在的统一性。目前使用的尼斯分类第十版自 2015 年 1 月 1 日起实行，世界上已有 130 多个国家和地区采用此分类表。我国自 1988 年 11 月 1 日起采用国际分类。尤其是 1994 年我国加入尼斯协定以来，我国积极参与对尼斯分类的修改与完善，已将多项有中国特色的商品加入尼斯分类中。例如，淘宝、京东等电商平台在注册商标时，以前的商品分类表中并没有专门适用于电商的类别，因此大多采用模糊注册策略，即在与电商相关的第 9 类（计算机软件）、第 35 类（与销售相关的通讯媒体）、第 42 类（软件设计）等类别中进行商标注册。我国作为尼斯协定成员国，通过积极参与协定的修订，在最新版尼斯协定的第 35 类 3503 群组中增加了为商品和服务的买卖双方提供在线市场的"电商平台"类别，今后相应企业注册商标时就可以直接选用该类别进行注册。

（二）商品分类表的使用

以尼斯协定为基础的《类似商品和服务区分表》包括两部分：一部分是按照类别排列的商品和服务分类表，一部分是按照字母顺序排列的商品和服务分类表。

按照类别排列的分类表将商品和服务按照 1 ~ 45 类的顺序排列。每类有一个类别号和标题，每类的标题概括了本类所包含商品的特征及范围，最后列出本类包括的所有商品或服务项目，每项商品或服务均有一个顺序号，以便查找。另外，每一类有一个注释，对本类主要包括哪些商品，本类与相关类别的商品如何区别，如何划分边缘商品的类别作了说明，这个注释对划分一些易混淆商品的类别有很大帮助。如第三类，类名为"洗衣用漂白剂及其他物料，清洁、擦亮、去渍及研磨用制剂，肥皂，香料，香精油、化妆品、香水、牙膏、牙粉"。注释为："本类主要包括洗澡用品和化妆品。尤其包括：个人用除臭剂；化妆用卫生用品。尤其不包括：清洁烟卤用化学制品（第一类）；生产过程中用的去渍用品（第一类）；非个人用除臭剂（第五类）；磨石或手磨砂轮（第八类）。"

另一部分是按字母顺序排列的商品和服务分类表。世界知识产权组织出版了按英文、法文顺序排列的商品和服务分类表。我国商标主管机关也编排印制了按汉语拼音顺序排列的商品和服务分类表。使用这个表查阅一般商品的类别就像查字典一样方便。

（三）"一件商标一份申请"原则

商标分类是作为申请商标注册办理手续及缴纳费用的基本单位。即一个商标在一个类别上申请注册办理一份手续，缴纳一份基本费用。如一个申请人在医用化学药品、中成药、中药材、药酒、医用营养物品、空气净化制剂、兽药、农药、卫生巾、牙填料上申请注册商标，虽然其指定的商品多达 10 项，但因这些商品均属同一类别（第五类：药品，医用和兽医用制剂；医用卫生制剂；医用或兽医用营养食物和物质，婴儿食品；人用和动物用膳食补充剂；膏药，绷敷材料；填塞牙孔用料，牙科用蜡；消毒剂；消灭有害动物制剂；杀真菌剂，除莠剂），所以只需办理一份手续，缴纳一份基本费用（即一标一类）。而另一企业申请注册的商标虽然仅需使用在绘画笔和绘画颜料上，但需填写两份申请书，在两个类别分别申请，并缴纳两份基本费用，因为这两种商品分别属于两个类别，即绘画笔属于第十六类 "纸和纸板；印刷品；装订用品；照片；文具；文具用或家庭用粘合剂；美术用品；画笔；打字机和办公用品（家具除外）；教育或教学用品（仪器除外）；包装用塑料物品；印刷铅字；印版"。绘画颜料属于第二类 "颜料，清漆，漆；防锈剂和木材防腐剂；着色剂；媒染剂；未加工的天然树脂；绘画、装饰、印刷和艺术用金属箔及金属粉"。

由此可见，申请人在确定商标分类时，除了关注商标类别是否与待注册商标所使用的商品或服务相契合，还需要注意待申请商标类别的分类情况，尽量选择最经济实用的商标类别进行注册。

四、商标注册申请的提出

（一）商标图样及申请类别的确认

首先，需要对商标图样及申请类别进行初步确定。判断申请人提供的商标构成要素是否符合《商标法》有关商标禁用性条款的规定，并依照商品与服务分类表初步判断计划申请的商品或服务类别。

其次，需要进行商标检索。让商标注册申请人了解自己待注册申请的商标是否与他人已经注册或正在注册的商标相同或近似，是否与他人的在先权利相冲突，如商号权、著作权、外观设计权、姓名权、肖像权等。

最后，需要确认商标图样及申请类别。根据初步确定的商标图样与申请类别，结合检索结果进行分析，确定最终提交申请的商标图样及申请类别。

（二）商标申请文件的准备

1. 商标代理授权委托书

如果当事人委托商标代理组织申请商标注册或者办理其他商标事宜，应当提交代理委托书。代理委托书应当载明代理内容及权限；外国人或者外国企业的代理委托书还应当载明委托人的国籍。外国人或者外国企业的代理委托书及与其有关的证明文件的公证、认证手续，按照对等原则办理。

2. 商标注册申请书

《商标注册申请书》主要填写申请人与商标的基本情况，并加盖申请人的印章或签字。申请书的格式或位置不能随意改变或改动。如果申请人改变或改动申请书的格式或位置，商标局不予受理。在填写的过程中，最重要的是申请书中类别及商品/服务项目的填写，应根据申请人自己经营的商品或提供的服务，参照《商标注册用商品和服务国际分类尼斯协定》第11版以及商标局根据上述国际分类表修改的《类似商品和服务区分表》来填写。根据"一件商标一份申请"原则，一份申请书上填报的商品或服务应当限于同一类别，若在不同类别的商品上申请注册同一商标的，应当按商品分类表提出注册申请。商品名称或者服务项目应当按照商品和服务分类表填写；商品名称或者服务项目未列入商品和服务分类表的，应当附送对该商品或者服务的说明。

另外，多人共同申请注册同一商标的，应当在申请书中指定一个代表人；没有指定代表人的，以申请书中顺序排列的第一人为代表人。若申请注册集体商标、证明商标的，应当在申请书中予以声明，并提交主体资格证明文件和使用管理规则。

3. 商标图样

对于商标图样的提交，除了要求图样必须完整、清晰、易于辨认和识别，对于一些特殊的商标类型，提交的图样也有一些特殊要求。在商标实务中经常出现的特殊商标图样主要有以下要求：

（1）商标为外文或者包含外文的，应当说明含义；

（2）以颜色组合申请商标注册的，应当提交着色图样；

（3）以三维标志申请商标注册的，应当提交能够确定三维形状的图样，商标图样应当至少包含三面视图；

（4）以声音标志申请商标注册的，应当提交符合要求的声音样本，对申请注册的声音商标进行描述（五线谱、简谱、文字）；

（5）以自然人肖像申请注册商标的，还应当提交经过公证的肖像权人授权书原件。自然人以本人肖像作为商标申请注册且通过核对申请人身份证件能够确认是其本人的，可以不提交上述文件，但应在申请书上声明。

4. 申请人身份证明文件

商标注册申请人应当提交能够证明其身份的有效证件的复印件。商标注册申请人的名称应与所提交证件中的名称一致。申请人为企业的，申请人的地址应与营业执照中的地址一致，但如果营业执照中的地址未冠有企业所在地的省、市、县名称的，申请人必须在其地址前加上省、市、县名称；申请人为自然人的，可以填写实际住所地址。具体而言，自然人需要提交申请人身份证复印件；企业需要提交法人营业执照副本复印件；社会团体需要提交社团法人登记证；事业单位需要提交事业单位法人证书；行政机关需要提交上级主管机关关于设立该机构的证明文件。

（三）商标申请文件的提交

当商标申请文件准备完毕，可以通过网络在线提交至国家知识产权局商标局，商标局会对网上成功提交并缴费的商标申请文件进行审核。

五、商标注册的审核

(一) 形式审查

商标申请的形式审查，是指商标局对申请人提交的相关文件进行格式上的审查，对申请文件是否填写完整、证件或图样是否齐全等进行审查。

1. 形式审查的内容

(1) 申请人资格与申请程序；

(2) 申请文件；

(3) 是否符合商标申请有关原则；

(4) 根据商标申请日期，编写申请号。

2. 形式审查的处理

(1) 申请手续齐备：予以受理，确认申请日期、申请号，发放注册申请受理通知书。

(2) 申请手续基本齐备：30 日内补正并交回商标局。

判定为申请手续基本齐备的原因主要有填报的商品/服务名称不规范、不具体；商标图样不清晰；需要对商标图样中的文字作出说明等。在规定期限内补正并交回商标局的，保留申请日期；期满未补正的，视为放弃申请，商标局应当书面通知申请人。

(3) 申请手续不齐备：发放注册不予受理通知书。

判定为申请手续不齐备的原因主要有申请人名义、印章、主体资格证明不符；未按规定填写申请文件重要内容（名称、地址）；缺少主体资格证明复印件；商标图样不清晰以至无法辨认；委托代理的没有委托书或委托书不规范；委托代理书未加盖代理组织印章；未按规定缴费等。

(二) 实质审查

商标申请的实质审查，是对申请案中的商标是否符合商标注册的条件进行审查，包括对商标注册的绝对条件与相对条件的审查。商标注册的绝对条件包括申请案中的商标是否违反法定禁用条款、是否满足显著性要求等。商标注册的相对条件是指申请案中的商标是否与他人的在先权利相冲突，是否与已注册的商标构成相同或近似。经过实质审查，对不符合规定或者在部分指定商品或服务类别上使用商标的注册申请不符合规定的，予以驳回或者驳回在部分指定商品或服务类别上使用商标的注册申请。《商标法》第 34 条规定："商标注册申请人不服的，可以自收到通知之日起十五日内向商标评审委员会申请复审。商标评审委员会应当自收到申请之日起九个月内做出决定，并书面通知申请人。有特殊情况需要延长的，经国务院工商行政管理部门批准，可以延长三个月。当事人对商标评审委员会的决定不服的，可以自收到通知之日起三十日内向人民法院起诉。"

1. 禁用条款的审查

（1）同中华人民共和国的国家名称、国旗、国徽、军旗、勋章相同或者近似的，以及同中央国家机关所在地特定地点的名称或者标志性建筑物的名称、图形相同的标志，不得作为商标使用。

"国家名称"包括全称、简称和缩写，我国国家名称的全称是"中华人民共和国"，简称为"中国""中华"，英文简称或者缩写为"CN""CHN""P. R. C""CHINA""P. R. CHINA""PR of CHINA"；"国旗"是五星红旗；"军旗"是中国人民解放军的"八一"军旗；"勋章"是国家有关部门授给对国家、社会有贡献的人或者组织的表示荣誉的证章；"中央国家机关所在地特定地点或者标志性建筑物"包括"中南海""钓鱼台""天安门""新华门""紫光阁""怀仁堂""人民大会堂"等。

延伸阅读："中南海"商标

中南海香烟是北京卷烟厂的早期产品，它源于毛泽东主席晚年对香烟的嗜好。20 世纪 80 年代初，北京卷烟厂与中南海警卫局商谈商标注册事宜，北京卷烟厂将当时为毛主席提供的卷烟起名为"中南海"，并且以毛泽东亲笔书写的"中南海"三字作为商标。

从现在能在商标网查询到的最早的"中南海"商标申请注册于 1994 年 6 月 14 日，于 1996 年 1 月 21 日核准注册。而禁止将中央国家机关的名称、标志、所在地特定地点的名称或者标志性建筑物的名称、图形作为商

标使用是 2001 年《商标法》第二次修改时增加的条款，根据法不溯及既往原则，"中南海"商标依然是有效的注册商标。"中华""人民大会堂"等商标亦同。

（2）同外国的国家名称、国旗、国徽、军旗相同或者近似的标志，不得作为商标使用，但经该国政府同意的除外。

（3）同政府间国际组织的名称、旗帜、徽记相同或者近似的标志，不得作为商标使用，但经该组织同意或者不易误导公众的除外。

政府间国际组织，是指由若干国家和地区的政府为了特定目的通过条约或者协议建立的有一定规章制度的团体，包括联合国、欧洲联盟、东南亚国家联盟、非洲统一组织、世界贸易组织、世界知识产权组织等。国际组织的名称包括全称、简称或者缩写，如联合国的英文全称为 United Nations，缩写为 UN；欧洲联盟的中文简称为欧盟，英文全称为 European Union，缩写为 EU。

（4）与表明实施控制、予以保证的官方标志、检验印记相同或者近似的标志，不得作为商标使用，但经授权的除外。

官方标志、检验印记，是指官方机构用以表明其对商品质量、性能、成分、原料等实施控制、予以保证或者进行检验的标志或印记。如免检产品标志、中国强制性产品认证标志等。

（5）同"红十字""红新月"的名称、标志相同或者近似的标志，不得作为商标使用。

（6）带有民族歧视性的标志，不得作为商标使用。

民族歧视性，是指商标的文字、图形或者其他构成要素带有对特定民族进行丑化、贬低或者其他不平等看待该民族的内容。民族歧视性的判定应综合考虑商标的构成及其指定使用的商品、服务。

（7）带有欺骗性，容易使公众对商品的质量等特点或者产地产生误认的。

（8）有害于社会主义道德风尚的或者有其他不良影响的标志，不得作为商标使用。

社会主义道德风尚，是指人们共同生活及其行为的准则、规范以及在一定时期内社会上流行的良好风气和习惯。有其他不良影响，是指商标的文字、图形或者其他构成要素对中国政治、经济、文化、宗教、民族等社会公共利益和公共秩序产生消极的、负面的影响。有害于社会主义道德风尚或者具有其他不良影响的标志的判定，应考虑社会背景、政治背景、历史背景、文化传统、民族风俗、宗教政策等因素，并应考虑商标的构成及其指定使用的商品和服务。

延伸阅读：MLGB 商标无效案

上海俊客公司早在 2010 年就申请注册"MLGB"商标，2011 年 12 月核准注册，核定使用在服装上。2015 年有人向商标评审委员会提起注册商标无效宣告申请。商标评审委员会认为：争议商标由英文字母"MLGB"构成，该字母组合在网络上广泛使用，其含义消极、格调不高，用作商标有害于道德风尚，易产生不良影响，因此裁定争议商标予以宣告无效。上海俊客公司不服该裁定，向北京知识产权法院提起诉讼。

多数观点认为，现有证据表明"MLGB"最早出现即是在网络中用来指代不文明用语。原告虽然主张其使用的"MLGB"标志是"My life is getting better"的缩写，但并无证据表明这种缩写方式是英文中常见的表达，也没有证据表明这种用法为公众所知悉或者能够打消"MLGB"与不文明用语之间的对应关系给人带来的厌恶感。争议商标主要消费群体，恰恰这些群体几乎百分百的是网络的使用者，几乎都知晓"MLGB"与不文明用语之间的指代关系。抵制低俗、恶俗，弘扬真善美、传播正能量，维护社会主义精神文明和道德风尚仍然是需要遵循的基本价值准则。北京高院终审判决后不久，国家知识产权局官网公布了《关于规范商标申请注册行为的若干规定（征求意见稿）》，向社会公开征求意见，拟通过完善商标法律制度，来规范中国商标注册行为。

（9）县级以上行政区划的地名或者公众知晓的外国地名，不得作为商标。但是，地名具有其他含义或者作为集体商标、证明商标组成部分的除外；已经注册的使用地名的商标继续有效。

2. 商标显著性的审查

商标的显著特征，是指商标应当具备的足以使相关公众区分商品来源的特征。商标显著特征的审查遵循五个基本原则：结合商品和服务审查的原则，结合相关公众审查原则，结合实际使用审查的原则，整体审查原则和考虑公共利益原则。商标显著特征的判定应当综合考虑构成商标的标志本身（含义、称呼和外观构成）、商标指定使用商品、商标指定使用商品的相关公众的认知习惯、商标指定使用商品所属行业的实际使用情况等因素。

（1）不具有显著性的标志。

第一，仅有本商品的通用名称、图形、型号的标志，不得作为商标注册。

通用名称、图形、型号，是指国家标准、行业标准规定的或者约定俗成的名称、图形、型号。其中名称包括全称、简称、缩写、俗称，例如，"高丽白"（指定使用商品；人参）、"XXL"（指定使用商品：服装）。

第二，仅直接表示商品的质量、主要原料、功能、用途、重量、数量及其他特点的标志，不得作为商标注册。

仅直接表示商品的质量、主要原料、功能、用途、重量、数量及其他特点，是指商标仅由对指定使用商品的质量、主要原料、功能、用途、重量、数量及其他特点具有直接说明性和描述性的标志构成，例如，"纯净"（指定使用商品：食用油）、"彩棉"（指定使用商品；服装）、"SAFETY"（含义为"安全、保险"，指定使用商品：漏电保护器）、"50kg"（指定使用商品：米）、"果味夹心"（指定使用商品：饼干）、"湘绣"（指定使用商品；服装）、"990418"（指定使用商品：酒）、"24 小时"（指定使用服

务：银行）、"大食堂"（指定使用商品：餐馆）。❶

第三，其他缺乏显著特征的标志，不得作为商标注册。

其他缺乏显著特征的标志，是指依照社会通常观念其本身或者作为商标使用在指定使用商品上不具备表示商品来源作用的标志。比如，过于简单的线条、普通几何图形，一个或者两个普通表现形式的字母等。

另外，本行业或者相关行业常用的贸易场所名称，商贸用语或者标志，企业的组织形式、本行业名称或者简称也被认为不具有显著性。例如，"衣店"（指定位用服务：服装）、"软件"（指定使用商品：电脑软件）、"重工"（指定使用商品：起重运输机械）；但与其他要素组合而整体具有显著特征的除外。例如，"青青衣店""卓越软件""北方重工"。

（2）显著性判定的特殊规定。

需要注意的是，前述不具有显著性的标志经过使用取得显著特征，并便于识别的，可以作为商标注册。本身不具备显著特征的标志经过使用取得商标显著特征，起到区分商品来源作用的，可以作为商标注册。对经过使用取得显著特征的商标的审查，应考虑相关公众对该商标的认知情况、申请人实际使用该商标的情况以及该商标经使用取得显著特征的其他因素。

商标的显著性问题实际是一个程度强弱问题，既可能作为驳回注册的绝对理由提出，也会在确定商标的保护范围时遇到。商标的显著性同时还是一个不断发展变化的因素，既可能会从无到有、由弱变强，也可能反过来由强变弱、从有到无，发生侵权的可能性也会发生变化。

延伸阅读："小肥羊"商标申请

内蒙古小肥羊餐饮连锁有限公司因其羊肉鲜嫩可口而广受国人欢迎，随着公司的名气越来越大，各地的冒牌"小肥羊"像雨后春笋般涌现出来，他们都打着"小肥羊"的招牌，如陕西小肥羊实业公司、河北汇特小肥羊有限公司等。面对这种状况，内蒙古小肥羊将全国各地多家小肥羊

---

❶ 国家工商行政管理总局. 商标注册与管理［M］. 北京：中国工商出版社，2012：105.

都告到了法院。在诉讼中却遭到了败诉，因为"小肥羊"并不是注册商标。1999年内蒙古小肥羊曾向国家工商行政管理局商标局申请注册"小肥羊"为商标，但因"小肥羊"是该类商品的"通用名称"，不能作为商标注册。所以本案也就算不上侵权。小肥羊的维权遭遇到了挫折。2000年10月12日申请"小肥羊及图"商标注册，商标局受理后要求其删去"小肥羊"文字。

2001年12月28日，内蒙古小肥羊再次向商标局申请"小肥羊及图"商标注册，商标局初审后却允许内蒙古小肥羊餐饮公司在餐饮服务类中注册"小肥羊及图"，并于2003年2月14日对内蒙古小肥羊商标发布了初审公告。此次小肥羊商标通过商标局审查的主要原因在于2001年12月1日新《商标法》开始实施。此时，内蒙古小肥羊的经营规模不断扩大。大量、持续的广告投入，"小肥羊"已与其公司的商业信誉、服务内容与特点紧密相连，在2001年就已在全国餐饮百强企业评比中排名第二。提到小肥羊，相关消费者首先联想到的是其提供的"不蘸小料涮羊肉"的食法及餐饮服务，"小肥羊"已经形成特定的市场含义，"小肥羊"商标作为区分餐饮服务的标志，已具备应有的显著特征。

2003年3月24日，西安小肥羊及其他五企业对初审公告向商标局提出异议。商标局于2004年4月5日裁定驳回此异议。2004年4月21日，西安小肥羊又向国家工商行政管理局商标局商标评审委员会提出异议复审申请，商标评审委员会仍然裁定该商标给内蒙古小肥羊餐饮连锁有限公司注册。

（3）声音商标显著性。

声音符号可以刺激大脑活动并且影响消费者的反应和行为，同样能够区分商品和服务来源而与商标的内在规定性相符合，故在《商标法》第三次修改时被纳入商标范畴。在注册声音商标的过程中，除了不能违反法律的禁止性规定，如声音中包含反党反政府言论、歧视性信息等，还需要注意对声音商标显著性的审查。

文字、字母、数字、图形等组成的传统可视性商标可以通过构成要素的固有显著性初步辨别该商标是否具备注册实质要件，但声音商标作为非可视性商标一种，消费者在肉眼无法看到商品或服务的情况下难以凭借短暂的聆听建立声音与商品或者服务的联系，而且，声音要素的独创性并不等同于商标法意义上的显著性，因此，对声音商标显著性认定标准不同于传统的可视性商标。

2016 年，原国家工商行政管理总局商标局和商标评审委员会对《商标审查及审理标准》进行修订，并于 2017 月 1 月公布实施。新标准增补了声音商标显著性审查条款，该条款规定："一般情况下，声音商标需经长期使用才能取得显著特征，商标局可以发出审查意见书，要求申请人提交使用证据，并就商标通过使用获得显著特征进行说明。"从本条款来看，声音商标在一般情况下不论声音是否具有独特性、是否为自己独创均不认为具有固有显著性，需经过使用后建立商标与商品或者服务之间稳定的联系才能够获得显著性。该条款要求申请人提交使用证据证明声音商标经过长期使用并获得了显著特征，"长期使用"易于举证，至于何种证据能够说明获得了显著特征则需通过辅助要素从客观上推定该声音商标获得了显著特征。

第一，通用声音缺乏显著性。与通用名称类似，尽管声音可以被注册为商标，但某类商品或者服务往往有一些特别的受众或者联系密切的声音，这些通用声音，也就是处于公有领域的声音出于正当竞争的目的不可被独占使用。例如，在儿童商品或服务上使用知名的儿童歌谣、使用在冰激凌车上的音乐等。我国《商标审查及审理标准》列举了几类通用声音，如在"乐器上"使用钢琴弹奏声、"婴儿奶粉"上使用儿童笑声、"宠物饲养"上使用狗叫或者猫叫等，这些通用声音缺乏显著性不可获得注册。虽然我国商标法规定通用名称的标识如果获得了显著性，也可进行注册，但由于消费者对不同声音的敏感度低于文字，应当对声音领域的公共资源更加严格保护，避免因通用声音被注册导致某一类商品或服务同业竞争者需重新寻找替代性声音商标，最终影响消费者识别来源的判断力。

第二，功能性声音禁止注册为商标。商标不能具有功能性。如果将功能性标识赋予个人排他性使用，将会使其他竞争者处于非商誉性劣势地位。

功能性声音由于涉及产品本身性能，无论是否获得显著性，均不应当注册，否则会损害公平竞争，加重同业竞争者的商标搜寻成本。因此，基于功能性要求或者商品、服务正常运作而发出的声音应当禁止注册。

首先，由商品本身的性质所产生的声音，它是指为实现商品用途所必须采用或者通常采用的声音。例如，普通的 ATM 自动提款机在出钞时会发出"哗啦啦"的数钞声。其次，为获得技术效果而需有的声音。例如，对于防盗而言，人们最熟悉的是警笛声，因此，很多车辆防盗装置的声音都设置成类似警笛的形式。最后，使商品具有实质性价值的声音，即影响商品价值和消费选择所使用的声音。例如，门铃的声音曾存在过多种形式，但经过市场检验，比较受消费者欢迎的是"叮咚"等几种声音，而消费者一般也将其看作一类产品本身所具有的听觉美感而没有将其看成指明商品来源的标识，因此不应被注册为商标。如果将这类商品上的通用声音赋予个人排他性使用，其他同业竞争者寻求替代声音而消费者难以辨别和适应时，不仅导致经济上的不合理，产品还可能丧失正常功能的发挥。例如，在 Nextel v. Motorola 案中，尽管摩托罗拉公司生产的手机销售量很大、销售时间将近 10 年，并且投入大量广告进行宣传，但是该手机发出的"唧唧"声（电子虫鸟叫声）因发挥了该类产品基本功能的原因被法院认定不具有显著性。当然，这并不是说通信发声设备发出的任何声音都将被当作功能性声音不予商标注册，如果该声音属于原创，具有一定的独特性，将其注册为商标并不会导致公共资源的缩减，那么在经过一段时间的使用建立了声音与商品或者服务的联系后，可以作为声音商标获得注册。例如，苹果手机的默认铃声本身已经具有独特性，在满足声音商标显著性后即可成功注册。

延伸阅读：腾讯 QQ 声音商标申请

腾讯公司开发的即时通信工具 QQ 伴随着我国互联网的发展风靡 20 余年，QQ 聊天软件收到好友信息时所发出的"滴滴滴滴滴滴"声音也广为公众知悉。2014 年 5 月，腾讯公司向商标局提出将六声"滴"注册为声音商标，指定使用在第 38 类的电视播放、新闻社、提供互联网聊天、电

子邮件、信息传送等 10 项服务项目上，商标局做出不予注册决定之后，腾讯科技（深圳）有限公司向商标评审委员会提出复审请求。2016 年 4 月 18 日，商标评审委员会做出驳回复审决定书，认为腾讯公司提交的证据虽能证明 QQ 软件享有知名度，但申请商标的声音仅为软件包含的标识某一功能的声音，该声音较为简单，缺乏独创性以及商标应有的显著性，难以起到区分服务来源的作用。据此，作出申请商标不予核准注册的决定。腾讯公司不服，于法定期限内向北京知识产权法院提起行政诉讼，请求法院依法撤销被诉决定，并责令被告重新作出决定。2016 年 12 月 6 日，北京知识产权法院开庭审理了腾讯公司诉商标评审委员会关于"滴滴滴滴滴滴"（声音商标）商标申请驳回复审行政纠纷一案。腾讯公司认为，申请商标"滴滴滴滴滴滴"为六声音响，不冗长也不简单，具有声音商标应有的显著性，能够起到区分服务来源的作用，并当庭演示了其他国家核准注册的类似声音商标。同时，申请商标经过长期使用，知名度和显著性不断增强，相关公众能够有效识别；被诉决定错误地将"独创性"作为声音商标的审查标准，于法无据。

　　2018 年 4 月，一审判决撤销了商标评审委员会作出的被诉决定，并令商评委重新作出决定。原因在于，该声音商标虽然仅由同一声音元素重复组成，但整体在听觉感知上连续、短促，是具规律性的独特节奏的，同时也不是日常生活中常有的声音，因此，首先并不能认定属于声音整体过于简单的情形。在一般情况下，声音商标需经长期使用才能取得显著特征。而腾讯方提交的证据可证明 QQ 软件在我国持续使用的时间长，市场占比份额大，知名度高，而该声音商标 QQ 新消息提示音已经与 QQ 软件之间形成对应关系，因此在即时通信软件领域拥有相应的知名度和识别度也很高，作为商标使用是与 QQ 软件、腾讯公司之间建立了稳定的对应关系的，因此在指定使用的"信息传送"服务项目上能够发挥标识服务来源的功能。虽然该声音是 QQ 软件在运行时被设定的新消息提示音，但该提示音是可以被人为设定的，因此也并不是 QQ 软件运行时必然产生的结果，所以也不属于功能性声音。

3. 商标相同、近似的审查

商标相同是指两个商标在视觉上基本无差别，使用在同一种或者类似商品或者服务上易使相关公众对商品或者服务的来源产生误认。商标近似是指商标文字的字形、话音、含义近似，商标图形的构图、着色、外观近似，或者文字和图形组合的整体排列组合方式和外观近似，立体商标的三维标志的形状和外观近似，颜色商标的颜色或者颜色组合近似，使用在同一种或者类似商品或者服务上易使相关公众对商品或者服务的来源产生误认。

同一种商品或者服务，包括名称相同和名称不同但指同一事物或者内容的商品或者服务。类似商品是指在功能、用途、生产部门、销售渠道、消费对象等方面相同或基本相同的商品。类似服务，是指在服务的目的、内容、方式、对象等方面相同或基本相同的服务。同一种或者类似商品或者服务的认定，以《商标注册用商品和服务国际分类》《类似商品和服务区分表》作为参考。

商标相同和近似的判定，首先应认定指定使用的商品或者服务是否属于同一种或者类似商品或者服务；其次应从商标本身的形、音、义和整体表现形式等方面，以相关公众的一般注意力为标准，并采取整体观察与比对主要部分的方法，判断商标标志本身是否相同或者近似。

（三）初步审定与公告异议

商标局对受理的商标注册申请，依照《商标法》的有关规定进行审查；对不符合规定或者在部分指定商品上使用商标的注册申请不符合规定的，予以驳回或者驳回在部分指定商品上使用商标的注册申请。申请案中的商标经过实质审查，凡符合《商标法》及《商标法实施条例》有关规定的，予以初步审定，并予以公告，商标局在《商标公告》上公告初步审定的商标，由社会公众予以监督。

对初步审定的商标，自公告之日起 3 个月内，可以对申请注册商标提出异议，公告期满无异议的，予以核准注册，发放商标注册证，并予以公告。

1. 商标异议的作用

商标法设立异议程序，其目的是将商标注册过程置于社会的监督之下，发现问题，及时纠正，减少审查工作的失误，给予注册在先的商标权利人和其他利害关系人保护自身权益的机会。

具体来说，商标法设立异议程序主要有以下几个方面的作用：首先，有利于解决商标权和其他在先权利冲突，为相关权利人提出自己的不同意见和保护自己的权利提出程序保障。其次，通过商标异议程序，可以纠正商标局商标审查部门在商标审查工作中的失误和错误，对商标局审查工作进行必要的监督。最后，防止申请人获得不应有的商标权。

2. 申请商标异议应符合的条件

（1）申请人须有合法的主体资格。

《商标法》规定，对初步审定的商标，自公告之日起 3 个月内，任何人均可以提出异议。异议申请人可以是自然人、法人、机关、事业单位等。申请人在申请商标异议时应提交合法有效的主体资格证明，自然人应提交有效的身份证件，法人或者其他组织应当提交其依法成立的证明文件，如企业法人营业执照、组织机构代码证、事业单位法人证明等。

（2）在法定期限内提出。

商标异议期限为自公告之日起 3 个月内。最后一天是法定假日的，可顺延至假日后的第 1 个工作日。

（3）依法提交符合规定的申请书及有关证据材料。

申请人向商标局提出异议申请，其申请书件一般包括以下内容：申请书、异议理由书、代理委托书、异议人主体资格证明、证据材料等，并提供副本。一般情况下，申请书应当载明下列事项：异议人、被异议人的基本信息，包括名称、地址、联系人和联系电话、邮政编码及代理人组织名称；被异议商标的基本信息，包括名称、初步审定号、初步审定公告期和初步审定公告日期。

此外，申请人需要在提出异议申请后补充有关证据材料的，应当在申请书中声明，并自提交申请书之日起 3 个月内提交，未在申请书中声明或者期满未提交的，视为放弃补充有关证据材料。

（4）有明确的异议请求和事实依据。

异议申请书中必须附有明确的异议请求及事实依据。"事实依据"是异议申请人异议请求得以成立的基础，也是商标局审理异议案件的主要内容。同时，异议人还应当提出所依据的《商标法》的具体条款。异议申请人身份不同，根据《商标法》规定可提出的异议理由也不同。

在先权利人、利害关系人可提出的异议理由包括：第一，待注册商标与他人持有的驰名商标相同或相似；第二，代理人或者代表人未经授权以自己的名义将被代理人或者被代表人的商标进行注册，被代理人或者被代表人提出异议的；第三，商标中有商品的地理标志，而该商品并非来源于该标志所标示的地区，误导公众的；第四，待注册商标同他人在同一种商品或者类似商品上已经注册的或者初步审定的商标相同或者近似的；第五，损害他人现有的在先权利；第六，以不正当手段抢先注册他人已经使用并有一定影响的商标。

一般公众可提出的异议理由包括：第一，待注册商标违反禁用性条款；第二，待注册商标不具有显著性。

（5）依法缴纳异议费用。

当事人提出商标异议申请须按件缴纳异议费用，被异议人不缴纳费用。❶

（四）核准注册

对于初步审定并公告的商标，如果公告期内没有人提出异议，或者经裁定异议不能成立的，予以核准注册，发给商标注册证，并予以公告；经裁定异议成立的，不予核准注册。

注册商标的有效期为 10 年，自核准注册之日起计算。但经审查异议不成立而准予注册的商标，商标注册申请人取得商标专用权的时间自初步审

---

❶ 国家工商行政管理总局．商标注册与管理［M］．北京：中国工商出版社，2012：146.

定公告 3 个月期满之日起计算。自该商标公告期满之日起至准予注册决定做出前，对他人在同一种或者类似商品上使用与该商标相同或者近似的标志的行为不具有追溯力；但是，因该使用人的恶意给商标注册人造成的损失，应当给予赔偿。

第三节　商标的维持

一、注册商标续展

（一）注册商标续展的概念

商标权的保护期，是指注册商标所有人享有的商标专用权的有效期限。各国商标法对注册商标的有效期都有不同的规定，我国《商标法》规定，注册商标的有效期为 10 年，自核准注册之日起计算。商标权人所享有各项商标权利的期间与注册商标的有效期相同。

注册商标的续展是指注册商标有效期满需要继续使用的，在法律规定的期限内，通过向商标局办理续展注册申请手续、缴纳有关费用，使商标有效期限得以延长，商标权利得以继续维持。

通过商标续展注册，注册商标的有效期限得以延长，注册人对该商标的法定权利得到延续，从而保证了与注册商标有关市场经济活动的连续性、稳定性；保护了权利人运用商标作为载体体现其商誉的积极性，也使商标权利的财产权性质得到进一步的体现。

每次续展注册的有效期为 10 年，自该商标上一届有效期满次日起计算。

（二）注册商标续展的实务要求

注册人应当在注册商标有效期届满前 6 个月内提出续展申请。如果未能在此期间提出申请的，法律还给予了额外的 6 个月宽展期，即在注册商标有效期届满后 6 个月内，可以办理续展注册的申请手续，但需要缴纳延迟费。宽展期届满后，仍未申请续展的，由商标局注销该商标。

办理续展申请应当提交下列文件：(1) 续展申请书。(2) 申请人的主体资格证明文件（营业执照、身份证等）。(3) 注册证复印件。(4) 委托代理组织办理的，应附商标代理委托书；直接办理的，应附经办人的身份证复印件。共有商标的续展申请手续由代表人办理。

对续展申请的审查内容主要有：(1) 申请人名义是否与商标局档案登记的注册人名义一致；(2) 申请日期是否在法律规定的期限内；(3) 商标是否存在注销、撤销等失效情况。

经审查，续展申请符合法律规定的，商标局予以核准，发给申请人续展注册证明，并刊登公告。经审查，续展申请人与注册人名义不一致的，由商标局发给补正通知书，申请人应按补正通知书规定的期限予以改正，商标局对补正后的申请继续予以审查。对不符合有关法律规定且无法改正的（如申请超过法定期限或商标已经被撤销），商标局不予核准，并书面通知申请人。

当事人对商标局的不予核准决定不服的，可以向商标局书面陈述自己的意见，商标局认为陈述理由成立的，可以对续展申请重新审查。当事人也可以就商标局的不予核准决定提起行政复议或直接向人民法院提起行政诉讼，解决双方的争议。❶

二、注册商标无效宣告

《商标法》第 44 条规定，已经注册的商标，违反法律禁止性条款，或者是以欺骗手段，或者其他不正当手段取得注册的，由商标局宣告该注册商标无效；其他单位或者个人可以请求商标评审委员会宣告该注册商标无效。第 45 条规定，已经注册的商标，自商标注册之日起 5 年内，在先权利人或者利害关系人可以请求商标评审委员会宣告该注册商标无效。对恶意注册的，驰名商标所有人不受 5 年的时间限制。由此可见，注册商标无效宣告可分为两类。

---

❶ 国家工商行政管理总局 . 商标注册与管理 ［M］. 北京：中国工商出版社，2012：211-212.

（一）注册不当的无效宣告

商标注册不恰当或不合适的原因主要是基于绝对理由，或者是商标注册人主观上出于欺骗或者不正当竞争目的获得注册。

违反法律禁止性条款，或者是以欺骗手段，或者其他不正当手段取得注册的，商标局可以依职权宣告该注册商标无效；其他单位或者个人可以请求商标评审委员会宣告该注册商标无效。

由于此类商标争议不仅是注册人自己的权利，还涉及社会公共利益，因此，除了商标局可依职权宣告无效，法律还赋予任何人以无效宣告的请求权，任何单位或个人都可以请求商标评审委员会宣告此类注册商标无效。

（二）与在先权利冲突的无效宣告

注册商标侵犯在先权利或注册商标之间的冲突主要是基于相对理由，商标注册人的注册行为侵犯他人现有的在先权利或与他人在同一种商品或者类似商品上注册在先的商标相同或者近似而发生的争议。

由于此类商标争议仅涉及特定人的权益，因此，只有在先权利人或利害关系人可以请求商标评审委员会宣告该注册商标无效。具体包括以下几类：驰名商标所有人及被许可人；被代理人、被代表人及其合法继受人或被许可人；地理标志在先权利人；其他在先权利人，如在先商号权人、在先著作权人、在先外观设计专利权人、在先肖像权人、在先姓名权人等；在先商标权人；在先申请人或在先使用商标人。

三、注册商标撤销

《商标法》第49条规定："商标注册人在使用注册商标的过程中，自行改变注册商标、注册人名义、地址或者其他注册事项的，由地方工商行政管理部门责令限期改正；期满不改正的，由商标局撤销其注册商标。注册商标成为其核定使用的商品的通用名称或者没有正当理由连续三年不使用的，任何单位或者个人可以向商标局申请撤销该注册商标。商标局应当自收到申请之日起九个月内做出决定。有特殊情况需要延长的，经国务院工商行政管理部门批准，可以延长三个月。"

（一）自行改变注册商标

自行改变注册商标，是指商标注册人或者被许可使用人在实际使用注册商标时，擅自改变该商标的文字、图形、字母、数字、立体形状、颜色组合等，导致原注册商标的主要部分和显著特征发生变化。改变后的标志同原注册商标相比，易被认为不具有同一性。存在上述行为，经相关行政管理机关责令商标注册人限期改正，拒不改正的，依法予以撤销。

（二）自行改变注册商标的注册事项

自行改变注册商标的注册人名义、地址或者其他注册事项，是指商标注册人名义、地址或其他注册事项发生变化后，未依法向商标局提出变更申请，或者实际使用注册商标的人名、地址或其他事项与《商标注册簿》上记载的不一致。存在上述行为之一的，经相关行政管理机关责令商标注册人限期改正，拒不改正的，依法予以撤销。

（三）注册商标成为通用名称

商标在注册时符合法律规定，只是因为在注册之后的使用过程中，由于商标注册人对其注册商标的不当使用行为（如以商标指称商品），或商标注册人未能有效制止他人对其商标的淡化行为（如以商标代替商品名称使用），致使公众认为该注册商标就是其所标识的商品或服务的通用名称。即由于保护不力而使商标淡化，该商标成为通用名称，丧失了注册商标应有的显著性。

> **延伸阅读：拜耳公司的"阿司匹林（aspirin）"商标**
>
> 自从 1899 年拜耳公司发明阿司匹林以来，其存在已有一百多年历史，至今仍是世界应用最广泛的解热、镇痛和抗炎药，全球每年消耗的阿司匹林片剂有 1000 多亿片。这一辉煌业绩成就了阿司匹林作为医药史上三大经典药物之一的地位。不过，阿司匹林原本并非药品名称，这一药品的学名叫乙酰水杨酸。药品的首创者德国拜耳公司于 1899 年以"ASPIRIN"为这款药品向德国商标局申请了商标注册。由于阿司匹林本身的神奇疗效，加上两次世界大战导致的对此类药品的大量需求，阿司匹林在各国迅

速得以生产、使用，并逐渐变成商品的通用名称。之后，拜耳公司在世界上很多地方便不能再以"ASPIRIN"作为商标。对此，拜耳公司仍努力把"ASPIRIN"注册为商标，只不过其努力大都遭遇失败。拜耳公司为了在我国注册该商标，甚至承诺商标获准注册后，公司不会对中国生产阿司匹林药品的厂家主张权利。但是，阿司匹林在我国已是一个被广泛使用的药品通用名称，并正式收录于《中华人民共和国药典》。

（四）连续三年停止使用注册商标

连续三年停止使用注册商标，是指一个注册商标在其有效期内停止使用，且该行为不间断地持续三年以上。连续三年停止使用注册商标的时间起算，应当自申请人向商标局申请撤销该注册商标之日起，向前推算三年。商标的使用，是指商标的商业使用，包括将商标用于商品、商品包装、容器、商品交易文书上，或者将商标用于广告宣传、展览及其他商业活动中。例如，1995 年 5 月，江苏省某材料公司甲向国家工商局商标局申请"亮才"商标，并于 1997 年 1 月获得核准注册。此后，浙江省某材料公司乙向商标局提出撤销甲的"亮才"注册商标，理由是该商标连续 3 年没有使用，并提供了调查取证的材料，包括甲未购置设备、未进行生产，实质上是一家空壳工厂等证据。商标局受理后，向甲发出《关于提供注册商标使用证据的通知》。该公司在指定期限内没有答辩，也没有提供任何证明。商标局最终裁定撤销甲的"亮才"注册商标。

另外，如果有正当理由注册商标未使用的，即使连续三年停止使用，商标也不会被撤销，正当理由主要包括：不可抗力；政府政策性限制；破产清算。

四、注册商标的注销

注销注册商标是指商标局依职权或者根据申请人的申请，将注册商标专用权予以注销的法律程序。注销注册商标主要包括以下 3 种不同类型。

（一）商标注册人主动申请

商标注册人申请注销其注册商标的，应向商标局提出申请，注销注册商标可以是整体注销，也可以注销部分指定商品或服务项目。注销申请经商标局核准后，该注册商标专用权或该注册商标专用权在部分指定商品上的效力自注销申请之日起终止。

（二）其他人申请

注册人已死亡或终止 1 年以上且未办理商标移转手续的，任何人可以向商标局申请将该商标注销。向商标局申请注销该商标的，应当提交该商标注册人死亡或者终止的证据。经商标局核准注销的注册商标，其专用权自该商标注册人死亡或终止之日起终止。

（三）商标局注销

注册商标有效期满后，在法律规定的宽展期内仍未提出续展申请的，该商标予以注销。这是商标局鉴于注册商标已经失效的事实作出的注销行为，不需要任何人的申请，该注册商标专用权的效力自有效期满次日起终止。

第四节 商标经营管理

商标申请注册只是获得了商标专用权，获得了法律保护的基础。商标作为市场经营的主要构成部分，能否给经营者乃至整个国家的经济带来良好的经济效益，主要取决于商标利用的水平。

一、注册商标转让

（一）注册商标转让和移转的概念

商标权利的取得有两种途径：一种是原始取得，即不以市场上存在的商标权为依据，而是通过申请商标注册经核准后获得商标权；另一种是继受取得，即商标权不是最初直接由商标注册机关授予，而是以市场上已经存在的商标权利为依据，通过转让或继承等方式获得的商标权。

由于商标资源的有限性，以及商标权原始取得的周期长、程序复杂、存在不确定因素等原因，商标转让作为商标权利取得的一种途径，其重要性为越来越多的市场参与者所认识，以商标转让方式获得商标权也日益普遍。对于经营者来说，通过商标转让获得商标权具有时间快、程序简单和权利稳定等优势。对于市场来说，商标的转让可以合理有效地配置商标资源，避免商标资源的浪费，使商标权利得到延续，避免了商标权利的终止。

商标的继受取得有转让和移转两种方式。

1. 商标转让

转让是最常见的一种继受取得商标权的形式，是指商标所有人根据自己的意志，按照一定的条件通过签订转让合同的方式，将自己享有的注册商标权或正处于申请过程中的商标权转让给他人。转让的标的是注册商标所有权，包括对商标占有、处置和收益的权利。商标权的转让是转受让双方的共同意思表示，是一种合同行为，应当遵守自愿、公平和诚实信用原则。

2. 商标移转

因商标转让以外的其他事由发生的商标权利主体的更替称为商标移转。商标移转是以继承、遗产分配等形式取得商标权的一种方式，是指注册商标所有人死亡或终止后，由承继其权利和义务的自然人、法人或者其他组织继受其注册商标专用权。在实践中主要有以下 3 种情况。

（1）原注册人死亡后其继承人继承注册商标权。自然人所有的商标权，在注册人死亡后，依照法律规定享有继承权的继承人可以依法继承该注册商标权。

（2）注册人因分立、合并或改制等原因消亡后，分立、合并或改制后的企业承继原企业商标。企业分立、合并或者改制时，应在清产核资过程中明确核算商标权的价值，并在企业分立、合并或改制合同及有关政府文件中明确商标权利的归属，并办理商标移转手续。企业破产后，其财产的处理权利归企业破产清算小组所有，因此破产企业商标权应由清算小组处理。

（3）依据生效的法律文书对注册商标强制执行转让过户的。注册商标权作为执行标的被人民法院强制执行时，如果被执行人不按法院裁定执行

的，依照相关法律文书享有该商标权利的当事人应凭据相关法院生效法律文书，办理移转手续。❶

（二）注册商标转让的原则

各国商标法均规定注册商标可以转让，但有关转让原则的规定并不完全相同。

1. 共同转让原则

共同转让原则，是指商标注册人在转让其注册商标时必须连同使用该商标的企业或者企业信誉一并转让的原则。采用共同转让原则的主要有美国、德国等少数国家。它们认为，商标是商品的标志，具有表明商品来源和商品质量的作用，因此也是企业信誉的象征。商标不可与生产该商品的企业分开。商标是与经营一定商品或服务的企业相联系而存在的，公众把商标理解为商品与企业之间的联系纽带。为了防止产生欺骗公众的危险，商标权的转让不得脱离企业而单独进行。

2. 任意转让原则

任意转让原则，是指商标注册人既可连同其营业转让注册商标，也可将注册商标与营业分开转让的原则。随着贸易和物流的发展，消费者更关心的是商品或服务本身的质量，而不是商品的生产者或服务的提供者，只要商品或服务质量没有变化，即使改变了生产者，消费者也同样予以认可。只转让商标权，与商标有关的商品生产经营不具有连同关系，这是大多数国家商标法采用的原则，即任意转让原则，我国《商标法》亦是如此。不过，许多国家的商标法均规定，在商标注册人将其注册商标与营业分开转让时，受让人应当保证使用该注册商标的商品质量。

（三）注册商标转让的限制

1. 用于两种类似商品的商标，不得单独转让

转让注册商标，商标注册人对其在同一种或者类似商品上注册的相同

---

❶ 国家工商行政管理总局. 商标注册与管理 [M]. 北京：中国工商出版社，2012：205.

或者近似的商标未一并转让的，由商标局通知其限期改正；期满未改正的，视为放弃转让该注册商标的申请，商标局应当书面通知申请人。商标注册中指定该商标可用于两种以上的商品时，如果它们属于非类似商品，可以对每种商品的商标单独转让，但如果它们属于类似商品则应全部转让。允许此类商标分割移转，就会违反《商标法》的规定，造成同一商标在类似商品上有两个商标注册人同时使用，从而发生不同厂家的商品混淆。

2. 联合商标不能分割转让

联合商标是同一商标所有人基于经营需要而使用的系列商标，如果允许将联合商标中的某一个单独转让，也会发生两个商标所有人在同一种商品上使用近似商标的情况，造成商品来源混淆。

3. 未经共有人同意不得自行转让

注册商标属于两个或两个以上的人共有时，每个共有人如要转让属于自己的那部分权益，必须取得其他共有人的同意。

4. 已经许可他人使用的商标不得随意转让

商标注册人已许可他人使用的商标，在许可期内如将其专用权转让给第三人，必须征得被许可人的同意；并且只能在解除原使用许可合同后，才能办理转让注册。

5. 转让注册商标未履行法定程序的，其转让无效

商标权转让属于要式法律行为，其行为的成立须依法律要求的形式。当事人自行转让注册商标，应视为无效，商标局可责令当事人限期改正或者撤销其注册商标。

6. 受让人应当保证使用该注册商标的商品质量

商标受让人在商标使用中，如果商品粗制滥造，以次充好，欺骗消费者的，其转让注册可能导致被撤销。我国《商标法》第 42 条第 1 款规定："转让注册商标的，转让人和受让人应当签订转让协议，并共同向商标局提出申请。受让人应当保证使用该注册商标的商品质量。"

（四）注册商标转让的实务要求

转让注册商标应当履行法律规定的手续，而且必须经过商标局核准公

告后，转让行为才能生效。转让注册商标而不向商标局办理有关手续的，属于自行转让注册商标的行为，由工商行政管理部门责令限期改正；拒不改正的，报请商标局撤销其注册商标。在商标业务实践中，商标转让和移转申请使用同一申请书式，因此习惯上也把转让和移转概称为商标转让。办理转让申请应提交下列文件：（1）转让申请书；（2）转让人、受让人的主体资格证明文件（营业执照、身份证等）；（3）委托代理组织办理的，应附受让人出具的商标代理委托书；（4）直接办理的，应附经办人的身份证件的复印件；（5）办理商标移转的，还应提供转让人主体资格消亡的证明文件和受让人有权继受相关商标的法律文件或证明文件。转让申请文件符合形式要求的，商标局予以受理，发给受理通知书；不符合条件的，不予受理，发给不予受理通知书。

转让申请受理之后，商标局还需要对转让申请是否符合法定条件进行审查，符合法律规定的，予以核准，发给受让人相应的证明文件。注册商标的转让还要予以公告，受让人自公告之日起享有商标专用权。审查主要从双方民事主体资格、商标权利有效性、同一主体名下的相同近似商标是否一并转让、转让是否可能使人产生误认、混淆或其他不良影响等4个方面进行。

1. 转受让双方民事主体资格

注册商标转让，首先需要审查双方当事人的民事主体资格是否适格，如申请书上填写的转让人名称与商标局档案记录的注册人名义是否相符。为防止未经转让人同意私自转让行为的发生，商标局在受理转让申请后，将受理情况抄送转让人，以便转让人及时了解转让情况，同时将转让受理情况及时在"中国商标网"上予以公布。

在审查过程中，商标局如对转让真实性产生合理怀疑（如对转受让人主体资格存疑、转让申请使用的印章或签字与之前办理其他商标事宜的存在明显差别、转让人来函反映转让未经其同意、同一商标由同一转让人转让给不同受让人的申请等），还会要求申请人补充提供必要的证据材料，如经公证的转让协议或经公证的转让人同意转让的声明等，以保证转让确系双方真实意思表示。

2. 商标权利有效性审查

商标权利有效性审查主要包括：（1）在注册有效期内；（2）未被注销、被撤销；（3）未被人民法院查封；（4）未在商标局办理过质押登记。

3. 相同近似商标是否一并转让的审查

根据《商标法》《商标法实施条例》的规定，转让注册商标，商标注册人对其在同一种或者类似商品上注册的相同或者近似的商标未一并转让的，由商标局通知其限期改正；期满未改正的，视为放弃转让该注册商标的申请，商标局应当书面通知申请人。

4. 对转让可能产生误认、混淆或其他不良影响的审查

此类审查主要包括：（1）集体商标转让，需要审查受让人是否具备相应的主体资格，是否符合有关法律规定。（2）证明商标转让，需要审查受让人有没有符合法律规定的检测和监督能力，是否符合证明商标的主体资格。（3）商标中含有商品的地理标志或含有地名的商标转让给该地区以外的受让人，需要审查是否会产生误认、混淆。（4）含有企业名称的商标转让时，需要审查是否会产生误认、混淆。

二、注册商标使用许可

（一）注册商标使用许可的概念

《商标法》第43条规定，商标注册人可以通过签订商标使用许可合同，许可他人使用其注册商标。许可人应当监督被许可人使用其注册商标的商品质量。被许可人应当保证使用该注册商标的商品质量。

注册商标的使用许可，应遵守《商标法》和《商标法实施条例》的相关规定。商标的使用许可，最好能够与该商标所使用商品或服务的技术规范和质量要求结合起来，保证使用同一商标的不同许可使用人提供的商品和服务的品质统一性，避免出现商品或者服务质量参差不齐，从而影响被许可商标的品牌形象。许可人应当对被许可人资质和被许可生产的商品或者服务的质量进行审查和监控，否则可能因被许可生产的商品或服务存在

质量问题而承担相应的民事、行政责任。

（二）注册商标使用许可的种类

根据被许可人取得的商标使用权的权利范围的不同，使用许可一般可以分为四类。

（1）独占使用许可独。商标注册人在约定的期间、地域，以约定的方式，将该注册商标仅许可给一个被许可人使用，商标注册人依约定不得使用该注册商标。

（2）排他使用许可。商标注册人在约定的期间、地域，以约定的方式，将该注册商标仅许可给一个被许可人使用，商标注册人依约定可以使用该注册商标，但不得另行许可给他人使用该注册商标。

（3）普通使用许可。商标注册人在约定的期间、地域，以约定的方式，许可他人使用其注册商标，并可自行使用或另外许可他人使用该注册商标。

（4）分许可使用。注册商标许可合同的被许可方依据合同规定，除了取得在规定的范围内使用许可方的注册商标外，还可以许可第三方使用许可方的注册商标。分许可使用的范围，不能超出许可方与被许可方约定的地域和时间范围，并必须取得许可方的许可方能使用。

（三）注册商标使用许可的实务要求

（1）被许可人对注册商标的使用不得超过其商标专用权的范围。商标权人可以通过签订商标使用许可合同的方式，许可他人使用其注册商标。但其使用范围应当以核准注册的商标和核定使用的商品为限，且使用许可的期限不得超过注册商标的有效期限。被许可使用人在使用注册商标过程中，也不得超出使用的商品范围，不得任意修改注册商标标识。

（2）被许可使用人具备主体资格。被许可使用人，必须是从事商品生产经营活动或者提供服务的经营者。

（3）被许可人必须保证其使用注册商标的商品或服务质量。注册商标人应当监督被许可人使用其注册商标的商品或服务质量，被许可人应当保证使用该注册商标的商品或服务质量。

（4）被许可人必须在使用注册商标的商品上标明其名称和商品产地。被许可人使用他人注册商标，必须在使用该注册商标的商品上标注被许可人的名称和商品产地，以避免消费者的误认。我国《商标法》第43条规定："经许可使用他人注册商标的，必须在使用该注册商标的商品上标明被许可人的名称和商品产地。"

（5）商标许可使用合同应当报商标局备案。许可他人使用其注册商标的，许可人应当在许可合同有效期内向商标局备案并报送备案材料。备案由许可人办理，并缴纳备案申请费。我国《商标法》第43条规定："许可他人使用其注册商标的，许可人应当将其商标使用许可报商标局备案，由商标局公告。商标使用许可未经备案不得对抗善意第三人。"许可合同的有效期可以长于被许可商标的有效期，但备案时备案的有效期不得超过商标的有效期。

三、未注册商标的使用管理

我国实行的是商标自愿注册原则，未注册商标和注册商标一样被允许作为商标公开使用，以区别不同商品或服务的来源。

（一）未注册商标和注册商标的区别

（1）注册商标的所有人可以排除他人在同一类或者类似商品上注册使用相同或近似的商标，未注册商标使用人不申请注册，他人有可能先于未注册商标使用者申请注册该商标并可能取得专用权。

（2）注册商标如果遭到他人假冒使用，即构成权利的侵害，非法使用人应承担法律责任，而未注册商标不得对抗其他人的使用，先使用人没有依《商标法》请求诉讼保护的权利。

（3）注册商标所有人有权在核定使用的商品上使用核准注册的商标，而未注册商标的使用一旦与他人的注册商标构成混同，即可能构成侵权。

总之，在未注册商标中，除驰名商标另受法律特别保护外，其商标使用者不享有法律赋予的专用使用权。

（二）未注册商标管理的实务要求

未注册商标的使用不当，同样会导致商标的矛盾与纠纷，使消费者产生误认与混淆，损害其他商标权利人的合法权益，干扰与阻碍正常的市场竞争秩序与商标管理制度。因此，未注册商标的使用也应当依法进行，我国《商标法》及《商标法实施条例》都对未注册商标使用的管理作了具体的规定，对于未注册商标的管理主要包括以下几方面。

（1）未注册商标的构成要素不得违反《商标法》第 10 条的有关禁止性条款的规定。未注册商标虽然可以在市场上使用，但其文字、图形等构成要素不得违反《商标法》第 10 条有关禁止性条款的规定。如果违反了该条的规定，则由地方商标管理部门予以制止，限期改正；并可以予以通报或者处以罚款。

（2）未注册商标不得与他人在同一种或类似商品上已经注册的商标相同或者近似。根据《商标法》第 57 条的规定，未经注册商标所有人的许可，在同一种或者类似商品上使用与其注册商标相同或者近似的商标，属于侵犯注册商标专用权的行为，应承担相应的法律责任。

（3）未注册商标使用人不得将其未注册商标冒充注册商标。冒充注册商标，是指将未经注册的商标当作注册商标予以使用的行为，以及商标注册人将自己的注册商标使用在未经核定使用的商品上并标明注册商标标志的行为。这些行为都属于欺骗行为，损害了消费者的利益，也扰乱了市场的经济秩序。对于冒充注册商标的行为，地方商标管理机关应予以制止，限期改正，并可予以通报或者处以罚款。

（4）未注册商标使用人必须在商品和包装上标明企业名称或地址。商品上不便标明的，必须在包装上标明。违反者要从严查处，并没收其违法所得。

（5）在国家明文规定应使用注册商标的商品上不得使用未注册商标。对于采取强制注册原则的烟草或人用药品必须使用注册商标，不得使用非注册商标。

【思考与练习】

1. 商标有哪些分类？

2. 商标制度的发展对社会发展有什么影响？

3. 商标注册的原则有哪些？

4. 商标注册应当具备什么条件？履行什么程序？

5. 商标管理主要涉及哪些方面的内容？

6. B国乙公司打算在中国申请"香脆"二字作为商标用于其生产的油炸土豆片、饼干、米饼等小食品上。2008年10月，该公司向中国商标局递交了"香脆"商标的申请注册，申请核定使用的商品为土豆片、饼干、米饼等小食品。请问："香脆"二字用作土豆片、饼干、米饼等小食品商标是否具有显著特征，为什么？

7. 签订商标使用许可协议应当注意哪些问题？

8. 商标注册无效的理由有哪些？

9. 如何延长商标专用权的保护期限？

10. 对未注册商标使用应如何管理？

第三章 专利管理实务

【导读】

专利管理是一种利用法律、行政和经济手段保护和运用发明创造专利权，鼓励人们进行发明创造活动，促进科学技术进步与创新，推动发明创造和经济发展的知识产权运营活动。建立和完善专利制度，提升专利管理水平，有利于鼓励发明人进行科技创新，有利于提高我国专利创造、运用、管理和保护的能力，从而增强我国的自主创新能力。本章主要对专利的概念、特征、主客体、实质性要求，以及专利维持与经营进行深入学习，以期提升专利实务工作的能力与水平。

第一节 专利管理基础知识

一、专利的概念

"专利"在英语中称为"Patent"，源于拉丁文"Letters Patent"。14世纪英王开始以特许令的方式奖励在技术上有创新并且为社会带来利益的人。英王的诏书授予发明人在一定时期内对其技术享有垄断权，这些诏书即"Letters Patent"。专利权是专利在法律上的含义，是指公民、法人、其他组织对其发明创造依法享有一定期限内的垄断权，即国家依法在一定时期内授予发明创造者或者其权利继受者独占使用其发明创造的权利，这里强调的是权利。❶ 专利权是一种专有权，一方面这种权利具有独占性。非专利权人想要使用专利权人的专利技术，必须依法取得专利权人的授权或许可。另一方面，一旦超过法律规定的专利权保护期限，就不再受法律保护。我国《专利法》第 39 条规定，发明专利申请经实质审查没有发现驳回理由的，由国务院专利行政部门作出授予发明专利权的决定，发给发明专利证书，同时予以登记和公告。发明专利权自公告之日起生效。第 40 条规定，实用新型和外观设计专利申请经初步审查没有发现驳回理由的，由国务院专利行政部门作出授予实用新型专利权或者外观设计专利权的决定，发给相应的专利证书，同时予以登记和公告。实用新型专利权和外观设计专利权自公告之日起生效。我国 2020 年《专利法》修订后，发明专利权的期限为 20 年，实用新型专利权的期限为 10 年，外观设计专利权的期限为 15 年，均自申请日起计算。

二、专利的特征

作为知识产权的重要组成部分，专利权具有以下特征。

（一）无形性

专利保护的客体是一种无形财产，却可以通过有形的物质载体具体表现出来。与以有形物为客体的所有权相比，专利权更容易被他人侵害。专利权无形性的特征决定了侵犯专利权的行为在表现形式上比较特殊。因为一项专利可以被转让或许可给两个以上的其他人使用，而这种多个主体的使用在一定条件下不会使该项专利的自身遭受损耗或灭失，从而使侵害专利权的行为具有很强的隐蔽性。

（二）独占性

独占性，亦称垄断性、排他性，是指专利权为专利权人所专享。专利权的独占性表现在两个方面：一方面，非经专利权人同意或者法律特别规定，任何人不得为生产经营目的实施其专利。《专利法》第 11 条规定：

---

❶ 李正华. 知识产权法实务 [M]. 武汉：武汉大学出版社，2010：132.

"发明和实用新型专利权被授予后，除本法另有规定的以外，任何单位或者个人未经专利权人许可，都不得实施其专利，即不得为生产经营目的制造、使用、许诺销售、销售、进口其专利产品，或者使用其专利方法以及使用、许诺销售、销售、进口依照该专利方法直接获得的产品。外观设计专利权被授予后，任何单位或者个人未经专利权人许可，都不得实施其专利，即不得为生产经营目的制造、许诺销售、销售、进口其外观设计专利产品。"另一方面，一般情况下同一法域内相同主题的发明创造只能被授予一项专利权。《专利法》第 9 条规定："同样的发明创造只能授予一项专利权。但是，同一申请人同日对同样的发明创造既申请实用新型专利又申请发明专利，先获得的实用新型专利权尚未终止，且申请人声明放弃该实用新型专利权的，可以授予发明专利权。两个以上的申请人分别就同样的发明创造申请专利的，专利权授予最先申请的人。"

（三）公开性

专利制度需要关注公平与效率两方面因素的平衡性，即保护专利权人的合法利益与促进技术信息公之于众造福社会的利益均衡性。鉴于此，专利权的独占性与公开性并非相互排斥。工业革命后，英国专利法就开始要求发明人必须充分陈述其发明内容并予以公布，以此作为取得专利的对价，"专利说明书"从此产生。在现代专利法律制度中，以技术本身的公开，换取法律的保护成为普遍遵循的重要原则。技术公开是指专利申请人必须以说明书等专利申请文件的形式公开其申请专利的发明创造的内容。专利主管机关也应当向社会公开通报申请专利的发明创造。技术公开是发明人向社会换取专利权的条件，也是专利权人对社会应尽的义务。一方面使公众了解该专利的内容，监督专利权的授予；另一方面为公众提供利用该专利的机会。我国《专利法》第 26 条规定，申请发明或者实用新型专利的，应当提交请求书、说明书及其摘要和权利要求书等文件。请求书应当写明发明或者实用新型的名称，发明人的姓名，申请人姓名或者名称、地址，以及其他事项。说明书应当对发明或者实用新型作出清楚、完整的说明，以所属技术领域的技术人员能够实现为准；必要的时候，应当有附图。摘要应当简要说明发明或者实用新型的技术要点。权利要求书应当以说明书为依据，清楚、简要地限定要求专利保护的范围。专利权的公开性不仅表现在技术信息的公开，而且表现在专利权内容的公开。专利申请文件公开的范围和程度达到法定要求，申请人才可能获得专利权。处于保密状态下的各种技术秘密和技术诀窍不受专利法的保护，而应当作为商业秘密受到反不正当竞争法保护。

（四）时间性

技术创新成果的价值具有时间性，新的同类型发明创造出现可能意味着原有技术降低或失去价值，作为专有权利保护的必要性大大降低，因而专利权效力具有法定期限的限制。法定期限届满，专利权灭失，该技术便进入公有领域，成为全社会的共同财富，任何个人或者单位都可以无偿使用。对于专利权的保护期限，各国专利法都有不同规定，对发明专利权的保护期限一般在 10~20 年不等；对于实用新型专利权的期限，大部分国家规定为 5~10 年；对于外观设计专利权的期限，目前国际上有保护期延长的趋势，许多发达国家将外观设计保护延长为 25 年。我国《专利法》规定发明专利权的期限为 20 年，实用新型专利权的期限为 10 年，外观设计专利权的期限为 15 年。

（五）地域性

专利权的地域性是指根据一国法律取得的专利权，原则上只在该国范围内发生法律效力，在其他国家或者地区不发生法律效力。权利人希望就同一专利在其他国家享有专利权，必须按照其他国家的法律或共同参与的国际公约、协定的规定另行提出专利申请，并获得相应专利权。❶ 为了克服专利权地域性给国际技术与货物交流带来的弊端，许多国家开始缔结专利权双边、多边协定或者国际公约，这也在一定程度上扩大了专利权的地域范围。例如，《保护工业产权巴黎公约》是迄今为止最广泛、最基本的保护工业产权的国际公约，保护范围包括发明专利、实用新型、工业品外

---

❶ 权鲜枝．专利实务指南［M］．上海：上海交通大学出版社，2012：3.

观设计以及制止不正当竞争，其确定的国民待遇原则、优先权原则、独立性原则等基本原则对工业产权的国际保护产生了深远的影响。

（六）法定性

专利权并不是在技术成果完成时自然产生的，而是必须由国家专利主管部门授予方可获得。该特征不同于著作权，著作权实行自动取得，即不必办理法定手续，作者基于创作、完成作品的事实即依法取得著作权。各国专利法关于授予专利的条件规定虽有不同，但都必须经过专利主管部门审查批准，颁发专利证书，才能受到法律保护。我国《专利法》第34条规定，国务院专利行政部门收到发明专利申请后，经初步审查认为符合本法要求的，自申请日起满18个月，即行公布。

三、专利的主体

在专利权法律关系中，专利权的主体即专利权人。但是，在专利权产生之前的发明创造过程中、专利权申请过程中也会涉及不同主体的法律地位。

（一）发明人

发明人即完成发明创造的人。❶ 这里发明人既包括发明和实用新型的完成者，也包括外观设计的完成者。我国《专利法实施细则》第13条规定："专利法所称发明人或者设计人，是指对发明创造的实质性特点作出创造性贡献的人。在完成发明创造过程中，只负责组织工作的人、为物质技术条件的利用提供方便的人或者从事其他辅助工作的人，不是发明人或者设计人。"依此规定，发明人必须具备直接参与和对发明创造的实质性特点有创造性贡献两个方面的条件。

鉴于发明创造活动是一种智力劳动，需要对所研究的内容进行创造性思维。所以，发明人只能是自然人，不能是法人或其他组织。另外，发明创造属于事实行为，故对发明人的行为能力没有要求。如果两个或两个以

---

❶ 刘春田. 知识产权法［M］. 北京：高等教育出版社、北京大学出版社，2003：165.

上的人对同一发明创造的实质性特点共同作出了创造性贡献，其被称为共同发明人。

（二）申请人

专利申请人，是指对某项发明创造依照法律规定或合同约定享有专利申请权的公民、法人或其他组织。❶专利申请人依法向国家提出专利申请，经审查合格后方可获得专利权从而成为专利权人。在中国没有经常居所或者营业所的外国人、外国企业或者外国其他组织在中国申请专利的，依照其所属国同中国签订的协议或者共同参加的国际条约，或者依照互惠原则，根据我国专利法相关规定办理。在中国没有经常居所或者营业所的外国人、外国企业或者外国其他组织在中国申请专利和办理其他专利事务的，应当委托依法设立的专利代理机构办理。

一般而言，完成发明创造的人有权就其发明创造申请专利，但是，专利申请人也可能通过转让的形式发生变化，我国《专利法》第10条规定，转让专利申请权或者专利权的，当事人应当订立书面合同，并向国务院专利行政部门登记，由国务院专利行政部门予以公告。专利申请权或者专利权的转让自登记之日起生效。此外，在发明人之外的其他人通过合同、发明人的继承人通过继承等情形下，存在发明创造完成人和申请人不一致的情形，根据发明创造的具体情形不同，专利申请人也不尽相同。

1. 职务发明创造的申请人

根据《专利法》第6条第1款规定，执行本单位的任务或者主要是利用本单位的物质技术条件所完成的发明创造为职务发明创造。职务发明创造申请专利的权利属于该单位，申请被批准后，该单位为专利权人。该单位可以依法处置其职务发明创造申请专利的权利和专利权，促进相关发明创造的实施和运用。《专利法实施细则》第12条规定："专利法第六条所称执行本单位的任务所完成的职务发明创造，是指：（一）在本职工作中作出的发明创造；（二）履行本单位交付的本职工作之外的任务所作出的

❶ 吴汉东. 知识产权法学［M］. 北京：北京大学出版社，2005：169.

发明创造；（三）退休、调离原单位后或者劳动、人事关系终止后 1 年内作出的，与其在原单位承担的本职工作或者原单位分配的任务有关的发明创造。专利法第六条所称本单位，包括临时工作单位；专利法第六条所称本单位的物质技术条件，是指本单位的资金、设备、零部件、原材料或者不对外公开的技术资料等。"由此可见，职务发明创造申请专利的权利属于该单位。另外，利用本单位的物质技术条件所完成的发明创造，单位与发明人或者设计人订有合同，对申请专利的权利作出约定的，从其约定。易言之，职务发明创造的申请人为单位，但是当事人另有约定的除外。

2. 非职务发明创造的申请人

根据《专利法》第 6 条第 2 款的规定，非职务发明创造，申请专利的权利属于发明人或者设计人；申请被批准后，该发明人或者设计人为专利权人。《专利法》第 7 条规定："对发明人或者设计人的非职务发明创造专利申请，任何单位或者个人不得压制。"

3. 合作或委托发明创造的申请人

根据《专利法》第 8 条规定，两个以上单位或者个人合作完成的发明创造、一个单位或者个人接受其他单位或者个人委托所完成的发明创造，除另有协议的以外，申请专利的权利属于完成或者共同完成的单位或者个人；申请被批准后，申请的单位或者个人为专利权人。

（三）专利权人

依法享有专利权并承担相应义务的人称为专利权人。专利权人与专利申请人的区别在于，一方面，专利申请人未必能够成为专利权人，一项发明创造提出专利申请后是否能获得批准取得专利权具有不确定性；另一方面，专利权人未必就是专利申请人，因为专利权可以通过转让或继承获得。❶ 根据《专利法》和《专利法实施细则》的规定，职务发明创造的专利申请权和专利权人为单位；非职务发明创造的专利申请权和专利权人为个人；利用本单位的物质技术条件所完成的发明创造，其专利申请权和专

---

❶ 李正华. 知识产权法实务［M］. 武汉：武汉大学出版社，2010：147.

利权人依其合同约定决定；两个以上单位或者个人合作完成的发明创造，除各方在协议中约定的以外，其专利申请权和专利权人属于完成或者共同完成的单位或者个人；一个单位或者个人接受其他单位或者个人的委托完成的发明创造，除委托书中有约定的外，其专利申请权和专利权人属于完成或者共同完成的单位或者个人；两个以上的申请人分别就同样的发明创造申请专利的，专利权授予最先申请的人；如果两个以上的申请人同日（指申请日；有优先权的，指优先权日）分别就同样的发明创造申请专利的，应在收到国务院专利行政部门的通知后自行协商确定申请人。

四、专利的客体

专利权的客体，即专利权的对象或可获专利的客体，是指我国专利法规定并受到专利法保护的发明创造。我国《专利法》第 2 条规定："本法所称的发明创造是指发明、实用新型和外观设计。"由此可知，我国专利权的客体是指发明、实用新型和外观设计。

（一）发明

我国《专利法》第 2 条第 2 款规定："发明，是指对产品、方法或者其改进所提出的新的技术方案。"这里的技术方案是指利用自然规律解决生产、科研、实验中各种问题的技术解决方案。首先，发明必须利用自然规律。没有利用自然规律的不能称为发明，如体育比赛规则；违背自然规律的不能称为发明，如所谓的永动机；自然规律本身也不是发明，科学发现与技术发明不同，前者是对自然规律或自然现象的揭示，只是人类对自然界的认识，并非人类的创造，后者则是技术方案。只有利用了自然规律解决技术问题的方案才能够称为发明。其次，发明应当有创新。创新是指相对于已有技术而言，该技术有一定的改进或提高。如果没有创新，该技术就属于现有技术，不能称为发明。最后，发明应当是具体的技术性方案。

如果只是一种思想，并没有形成具体的技术方案，则不属于发明。❶

发明可以分为产品发明和方法发明两种。产品发明是指人们通过智力劳动研究开发出来的关于新产品、新材料、新物质等的技术方案。产品发明是用物品来表现其技术方案的，如车辆、航空器、家电产品等发明均属于产品发明。它可以是一个独立、完整的产品，也可以是一个设备或仪器中的零部件。方法发明是指人们通过智力劳动研究开发出来的关于操作方法、制作方法以及工艺流程等的技术方案。方法可以是由一系列步骤构成的一个完整过程，也可以是一个步骤。❷

（二）实用新型

《专利法》第2条第3款规定："实用新型，是指对产品的形状、构造或者其结合所提出的适于实用的新的技术方案。"由此可知，实用新型针对的是有形状和构造的产品，如果不是产品或者虽是产品，但没有一定的形状和构造，则不能取得实用新型专利权。并且，实用新型还必须具有实用性，能够在工业生产之中得到实际应用。对于实用新型而言，只针对产品进行保护，并且限定在具有一定的形状、构造或者形状和构造结合的产品上。如对于某种粉末、气体、液体等无确定形状的物品或其成分进行改进而形成的技术方案，由于不具备一定的形状和构造，不能成为实用新型专利。

（三）外观设计

《专利法》第2条第4款规定："外观设计，是指对产品的整体或者局部的形状、图案或者其结合以及色彩与形状、图案的结合所作出的富有美感并适于工业应用的新设计。"由此可知，外观设计必须是对产品进行的关于形状、图案或者其结合以及色彩与形状、图案的结合等方面的设计。如果脱离了产品，那么这种设计只能算是纸上的图案，可以获得著作权的

---

❶ 刘春田．知识产权法［M］．北京：高等教育出版社、北京大学出版社，2003：152–155.

❷ 李正华．知识产权法实务［M］．武汉：武汉大学出版社，2010：149.

保护，但是不能申请外观设计专利。外观设计所采用的形状、图案或者其结合以及色彩与形状、图案的结合必须富有美感。即在审美主体身上所引起的愉悦感受和欣赏、评价等心理活动与心理过程。与此同时，外观设计产品必须适于工业应用，即可以进行工业上的加工生产与应用。

（四）专利权客体的排除

专利法中关于不授予专利权对象的规定主要集中于第 5 条和第 25 条。《专利法》第 5 条规定，对违反法律、社会公德或者妨害公共利益的发明创造，不授予专利权。对违反法律、行政法规的规定获取或者利用遗传资源，并依赖该遗传资源完成的发明创造，不授予专利权。第 25 条规定，对下列各项，不授予专利权：（1）科学发现；（2）智力活动的规则和方法；（3）疾病的诊断和治疗方法；（4）动物和植物品种；（5）原子核变换方法以及用原子核变换方法获得的物质；（6）对平面印刷品的图案、色彩或者二者的结合作出的主要起标识作用的设计。具体来说，在实务工作中较为常见的不应授予专利权的对象主要有以下几个方面。

1. 违反法律、社会公德或者妨害社会公共利益的发明创造

（1）违反法律规定的发明创造。

如果一项发明创造违反法律规定，则不能给予专利保护。例如，用于赌博的设备或工具，用于吸毒的工具，用于伪造货币、公文、印章等的工具，由于这些工具本身违反法律规定，不能取得专利权。这里说的法律是指全国人大及其常务委员会通过并实施的法律，不包括行政法规或规章等规范性文件。另外，对于违反法律、行政法规的规定获取或者利用遗传资源，并依赖该遗传资源完成的发明创造，也不能被授予专利权。符合法律、行政法规规定获取或利用遗传资源，并依赖该遗传资源完成的发明创造，申请人须在专利申请文件中说明遗传资源的直接来源和原始来源。❶

如果发明创造本身并没有违反国家法律，但由于其被滥用或被不正当使用而违反国家法律的，则不应当依据《专利法》第 5 条的规定拒绝授予

---

❶ 李正华．知识产权法实务［M］．武汉：武汉大学出版社，2010：151．

专利权。例如，用于医疗目的的药物、麻醉品、镇静剂、兴奋剂和用于娱乐的棋牌等。这类发明创造符合条件的仍然可以取得专利权。

根据《专利法实施细则》第 10 条规定，如果发明创造仅其实施为国家法律所禁止，该发明创造符合条件的亦可以取得专利权。例如，各种武器的生产、销售及使用虽然受到国家法律的限制，但这些武器本身及其制造方法仍然可授予专利权。

（2）违反社会公德或者妨害公共利益的发明创造。

社会公德是人类在社会生活中根据共同生活的需要而形成的、公众普遍认为是正当的、并被接受的伦理道德观念和行为准则。例如，带有暴力凶杀图片的器具、带有淫秽图片的器具、克隆的人或克隆人的方法、人胚胎的工业应用等均不能被授予专利权。当然，社会公德是建立在特定区域、特定时期、特定民族、特定文化基础之上的，其内涵可能随历史的发展而发生相应的变化。

公共利益是指全体社会成员对公共秩序、公共安全、公共社会环境等各方面的基本的共同需要。如果发明创造的实施或使用会给公众或社会造成危害，或者会使国家和社会的正常秩序受到影响，则该种发明创造不能被授予专利权，如致人伤残或损害财物、严重污染环境、破坏生态平衡、违反宗教信仰、伤害人民感情或民族感情、宣传封建迷信等。发明创造本身不妨害公共利益，但是其滥用可能造成妨害，或者还存在某种缺点，则该发明创造符合条件的可以取得专利权。

2. 科学发现

科学发现是指对自然界中客观存在的物质、现象、变化过程及其特性和规律的揭示。科学发现属于人们对客观世界中的物质、现象等的认识，而这些物质、现象等在人们认识到他们之前就已经存在，只是随着人们认识水平的提高而逐渐进入了人们的认识世界里面而已。科学发明则是属于人们对客观世界的改造行为，是人们通过其智力创造活动，使某一产品或方法从无到有的产生。亦即在人们发明某种产品或方法之前，其是并不存在的。由于科学发现并不是一项具体的技术方案，所以不被授予专利权。

例如，人们认识到的热力学规律并不会被授予专利权，但是，如果人们根据该规律制造出来蒸汽机，则可以获得专利权。

3. 智力活动的规则和方法

智力活动是指人的思维运动，它源于人的思维，经过推理、分析和判断产生出抽象的结果，或者必须经过人的思维运动作为媒介，间接地作用于自然产生结果。智力活动的规则和方法是指导人们对信息进行思维、表述、判断和记忆的规则和方法。

由于智力活动的规则和方法没有采用技术手段或者利用自然规律，也未解决技术问题和产生技术效果，因而不构成技术方案，不是专利法意义上的发明创造。如计算机软件、软件补丁、升级程序等，由于本身属于智力活动的规则和方法，不应授予专利权。

4. 疾病的诊断和治疗方法

疾病的诊断和治疗方法是指识别、确定或消除病因或病症的行为和过程。由于疾病的诊断和治疗方法往往以有生命的人体或动物体为实施对象，是医疗人员的经验的应用，且针对不同的患者即使是相同的疾病，其诊断和治疗的方法亦会有所不同，故其无法在产业上利用，不具有实用性；另外，出于人道主义和社会伦理的原因，医生在诊断和治疗疾病的过程中应当有选择各种条件和方法的自由，所以不授予专利权。

但是，如果是在疾病诊断和治疗方法中使用的物质或材料、实施疾病诊断和治疗方法的仪器或装置，或者为确定病因而对脱离人体的某种物质进行化验的方法，则不属于疾病的诊断和治疗方法，符合条件的可以授予专利权。❶

5. 动物和植物品种

由于动物和植物是有生命的物体，因而不能授予专利权。但是动物和植物品种可以通过专利法以外的其他法律进行保护。考虑到我国是农业大国，在农、林植物品种开发研究方面取得不少成绩，如袁隆平的水稻在国

❶ 李正华. 知识产权法实务 [M]. 武汉：武汉大学出版社，2010：152-153.

际上处于领先地位，为此我国已对植物新品种的保护制定了《植物新品种保护条例》，因而可以申请授予植物新品种权。

需要注意的是，允许授予专利权的生产动物和植物品种的方法仅局限于非生物学的方法，生产动物和植物品种的生物学方法（或主要是生物学的方法）仍不能授予专利权。至于如何判断这种方法是否属于"主要是生物学的方法"取决于该方法中人的技术介入程度。如果在该方法中，人的技术介入对该方法所要达到的目的或者效果起了主要的控制作用或者决定性作用，则不属于"主要是生物学的方法"，可以授予专利权。

6. 原子核变换方法以及用原子核变换方法获得的物质

原子核变换方法以及用该方法所获得的物质关系到国家的经济、国防、科研和公共生活的重大利益，不宜为单位或私人垄断，因而我国《专利法》规定对其不能授予专利权。

原子核变换方法，是指使一个或几个原子核经分裂或者聚合，形成一个或几个新原子核的过程，例如，完成核聚变反应的磁镜阱法、封闭阱法以及实现核裂变的各种方法等，这些变换方法不能授予专利权。但是，为实现原子核变换而采用的辅助手段，例如，为实现原子核变换而增加粒子能量的粒子加速方法（如电子行波加速法、电子驻波加速法、电子对撞法、电子环形加速法等）不属于原子核变换方法，属于可授予发明专利权的保护客体。

需要注意的是，原子核变换方法不能授予专利权，但是为实现原子核变换方法的各种设备、仪器及其零部件等，均属于可以授予专利权的保护客体。用原子核变换方法获得的物质，主要是指用加速器、反应堆以及其他核反应装置生产、制造的各种放射性同位素，这些同位素不能授予专利权。但是，这些同位素的用途以及使用的仪器、设备属于可授予专利权的保护客体。

除以上不授予专利权情形之外，在我国，对平面印刷品的图案、色彩或者二者的结合作出的主要起标识作用的设计，不符合专利法对于技术方案本身以及实质性要求，因此不授予专利权。

五、专利的实质性要求

一项发明创造要取得专利权，必须满足形式性要求和实质性要求。形式性要求，是指专利局对专利申请进行审查及授予专利权所必要的文件格式和应履行的必需手续，即专利申请时需要提交的具有一定格式和内容要求的申请文件。实质性要求是指申请专利的发明创造自身具备的属性要求，即确定发明创造有无可专利性，专利申请能否授予专利权的关键。根据《专利法》第22条规定，授予专利权的发明和实用新型，应当具备新颖性、创造性和实用性。这是对获得专利权的发明创造的实质性要求。鉴于外观设计的具体实质性要求较为特殊，本节将发明、实用新型专利，同外观设计专利的实质性要求作分别论述。

（一）发明或实用新型专利的实质性要求

1. 新颖性

专利制度设立的主要目的之一在于鼓励创新，以促进社会技术的进步。如果一项技术问题已经解决，无论发明人、设计人在该技术方案上投入了多大的智力，都没有授予专利权的正当理由。对于专利新颖性的实质性要求，一方面，有利于防止将已经进入公有领域的技术授予独占专有权利形成技术垄断；另一方面，有利于避免重复科研与授权。

我国《专利法》第22条第2款对授予专利权的新颖性条件作了明确规定："新颖性，是指该发明或者实用新型不属于现有技术；也没有任何单位或者个人就同样的发明或者实用新型在申请日以前向国务院专利行政部门提出过申请，并记载在申请日以后公布的专利申请文件或者公告的专利文件中。"由此可知，新颖性要求主要包含两方面：一是技术成果必须是以前从来没有被制造、实施或使用过的或者以其他方式公开过的；二是不得出现抵触申请。也就是说符合新颖性的技术成果必须是独创和首创的。

（1）现有技术。

现有技术是指申请日以前在国内外为公众所知的技术。主要包括在申请日以前在国内外出版物上公开发表、在国内外公开使用或者以其他方式为公众所知的技术。例如，邮局发行出版的报纸杂志上登载的内容，书店销售的图书中写明的内容，商店中销售的产品及其产品说明书中反映的内容，各国专利局或国际专利组织出版的专利申请文件或专利文件中记载的内容，展览会上展出的产品以及所散发的资料中说明的内容，在报告会、课堂、学术研讨会上宣讲的内容，从大街广告牌上能看到的内容以及可从图书馆借阅的书籍中查阅到的内容，都构成了公众能够得知的现有技术。

需要注意的是，这里所涉及的"公众"是指对有关技术内容不负有保密义务的人，例如，商店的顾客、展览会的观众、听课的学生、报告会的听众、街上的行人等；但是不包括那些对有关技术内容负有保密义务的人，例如，与申请人、发明人有信任关系的人（合作者、同事等），对申请人、发明人依法有保密义务的人（专利代理人等），依习惯有保密义务的人（雇员对雇主、编辑对投稿人等）。这里的"为公众所知"，是指技术的实质内容处于能够被公众获得的状态，这种状态是指公众想要了解即能得知，想要获取即能得到，并不要求公众必须已经得知，或者必须已经获得，也不要求公众中每一个人必须都已经得知。❶ 例如，一件产品在某一商店陈列销售，即使该商品在商店之内一件也未售出，也未被任何顾客打听了解过，则仍应当认为该产品从陈列销售日起已处于可被公众购买得到的状态，也就是说通过该产品能获知的技术内容从该产品的陈列销售日起已构成了现有技术，而不应当认为从该商店销售第一件产品之日才成为现有技术。

对于处于保密状态的技术内容不属于现有技术。所谓保密状态，不仅包括受保密规定或协议约束的情形，还包括社会观念或者商业习惯上被认为应当承担保密义务的情形，即默契保密的情形。对于当事人之间签订有明确的保密协议的情形，或者法律法规已明确规定为有保密要求的情形，则可以确定为处于保密状态，不构成现有技术。但是，对于当事人之间无保密协议，也没有法律法规明确规定所发生的具体事实行为有保密的义务，则必须从社会观念或商业习惯出发具体分析所发生的事实行为是否应承担

---

❶ 吴伯明，黄益芬. 专利审查［M］. 北京：专利文献出版社，1994：234.

保密的义务。然而，如果负有保密义务的人违反规定，协议或者默契泄露秘密，导致技术内容公开，使公众能够得知这些技术，这些技术也就构成了现有技术的部分。然而，如果负有保密义务的人违反规定、协议泄露秘密，导致技术内容公开，使公众能够得知这些技术，这些技术也就构成了现有技术的一部分。❶

由此可见，确认是否构成现有技术应当从时间界限和公开方式两个方面来考虑。现有技术的时间界限与公开的方式无关，均以申请日为确定是否构成现有技术的时间界限，其中享有优先权的，以其优先权日为时间界限。即申请前公开的技术内容均属于现有技术，但不包括申请日当天公开的技术内容。现有技术的公开方式分为出版物公开、使用公开和以其他方式公开，均无地域限制。也就是说，无论以何种方式公开，其地域标准均是在全世界范围内。一项技术只要在申请日以前不论世界各地何处的出版物上刊载过、公开使用过或者以其他方式公开过，就不具备新颖性。

（2）抵触申请。

抵触申请是指在发明或者实用新型新颖性的判断中，由任何单位或者个人就同样的发明或者实用新型在申请日前向专利局提出并且在申请日以后（含申请日）公布的专利申请文件或者公告的文件，损害该申请日提出的专利申请的新颖性。

由此可见，抵触申请需要同时满足三个条件：①向国家知识产权局提出的；②在申请日前提出申请，且在申请日或申请日后公布的；③披露了同样的发明或实用新型。只有符合上述三个条件时，该专利申请文件或专利文件才构成抵触申请，只要其中有一个条件不满足，就构不成抵触申请，不能作为损害新颖性的对比文件。

需要注意的是，抵触申请不属于现有技术。但如果前一申请没有公开而中止申请，则不属于抵触申请，后一申请的新颖性不被破坏。例如，甲、乙先后就同样的发明创造提出发明专利申请，甲的申请日是 2020 年 3 月 25

---

❶ 张晓都. 专利实质条件［M］. 北京：法律出版社，2002：73.

日，乙的申请日是 2020 年 5 月 19 日。甲随后撤回了其专利申请。若甲于 2020 年 5 月 19 日之前撤回了其申请，则乙申请的新颖性不受影响；若甲的申请于 18 个月后即在 2022 年 9 月 25 日公开，随后甲撤回其申请，则乙申请的新颖性会受到影响。抵触申请只能发生在同一国家的专利申请之间，不同国家间的申请不存在抵触。另外，抵触申请的申请主体是"任何单位或者个人"，扩大了抵触申请的范围，即同一申请人的申请之间也可能存在抵触申请问题。

> **延伸阅读：胶囊专利申请案**
>
> 该件名称为胶囊的发明专利的申请日为 1985 年 4 月 23 日，委托人向专利代理人提供了一件申请日为 1984 年 7 月 3 日、公告日为 1986 年 1 月 4 日的法国发明专利说明书，该实用新型专利权利要求书中的独立权利要求以及一部分从属权利要求的技术方案已被该件法国发明专利说明书披露。虽然该件法国发明专利说明书是一件在本实用新型专利的申请日前提出申请、在申请日后公布，且披露了本实用新型专利独立权利要求和一部分从属权利要求的技术方案，但由于其是向法国专利局提出的专利申请，而不是向中国专利局提出的，即该篇对比文件仅仅满足上述构成抵触申请的后两个条件，但不满足第一个条件，因此未构成抵触申请，不能否定该件实用新型专利的独立权利要求及其从属权利要求的新颖性。

（3）不视为丧失新颖性的公开。

通常情况下，一项发明创造在申请日前公开则丧失了新颖性而不具有专利性，但为了鼓励技术交流，各国专利法大多有不丧失新颖性公开的例外，给予了新颖性宽限期的规定。根据这种规定，申请专利的发明虽然已经公开，但只要申请人在宽限期内提出了专利申请，则视为不丧失新颖性。我国《专利法》第 24 条规定，申请专利的发明创造在申请日以前 6 个月内，有下列情形之一的，不丧失新颖性：在国家出现紧急状态或者非常情况时，为公共利益目的首次公开的；在中国政府主办或者承认的国际展览会上首次展出的；在规定的学术会议或者技术会议上首次发表的；他人未经申请人同意而泄露其内容的。

需要注意的是，如果向其他国家、地区申请专利，或通过 PCT 申请国际专利，宽限期的优惠保护可能就不存在，因为各国、各国际组织的专利制度规定不一。因此，是否在申请专利前公开技术，应当慎重考虑。

2. 创造性

获得专利权的技术成果必须对现有技术具有创造性的技术贡献，必须具有创新和进步，即新旧技术方案之间必须有差别，且这种差别必须具有创造性。《专利法》第 22 条第 3 款规定：创造性，是指与现有技术相比，该发明具有突出的实质性特点和显著的进步，该实用新型具有实质性特点和进步。

根据《专利法》的规定，为满足创造性的要求，发明专利申请不仅应当相对于申请日前的现有技术具有突出的实质性特点，而且还应当具有显著的进步。这里的发明有突出的实质性特点是指，对所属技术领域的技术人员来说，发明相对于现有技术是非显而易见的。如果所属技术领域技术人员在现有技术的基础上仅仅通过合乎逻辑的分析、推理或有限的试验可以得到一项发明的技术方案，则该技术方案对该技术领域的技术人员是显而易见的，也就不具备突出的实质性特点。发明有显著的进步是指发明与现有技术相比能够产生有益的技术效果。对于实用新型专利来说，仅需要具有"实质性特点"和"进步"即可，而不需要长足的进步。可见我国专利法对发明专利的创造性具有比实用新型专利更高的要求。

（1）对所属领域技术人员的判断。

专利的创造性要求有明确的法律条文和审查标准，但是终究是由人来判断的，因此，选择判断创造性的技术人员至关重要。根据我国《专利审查指南（2010）》的要求："发明是否具备创造性，应当基于所属技术领域的技术人员的知识和能力进行评价。"因此，所属技术领域的技术人员又称本领域的技术人员，他并不是一个实际存在的特定的人，而是指一种假设的"人"，在评价创造性时应当从这一假设的"人"的角度去分析。

首先，他应该与申请专利的发明创造属于相同的技术领域；其次，他具有该技术领域的通常的技术知识和能力，知晓申请日或者优先权日之前发明所属技术领域所有的普通技术知识，能够进行常规设计和实验，能够在现有技术的基础上作简单的逻辑推理和组合，但不具有创新能力；他的这些知识的水平应当是一般的、中等的，既不是该领域的专家，也不是外行。当发明人的某一项发明创造对于所谓技术领域的普通技术人员来讲不是显而易见的，则具有创造性。

需要注意的是，判断创造性的本领域的技术人员的能力和水平随着时间的推移而提高。在判断创造性时不能以判断时该技术领域技术人员的水平和能力进行分析，而应当以该专利申请或专利的申请日时该技术领域技术人员的水平和能力作出是否具备创造性的判断。

（2）创造性的判断程序。

审查创造性时，需要将一份或者多份对比文件中的不同的技术内容组合在一起进行判断，通常按照以下三个步骤进行。

①确定最接近的现有技术。最接近的现有技术，通常是指与要求保护的发明技术领域相同，并且所要解决的技术问题、技术效果或者用途最接近、公开了最多的发明技术特征，或者虽然与要求保护的发明技术领域不同，但能够实现发明的功能，并且公开发明的技术特征最多。

②确定发明的区别特征和其实际解决的技术问题。为了分析确定发明实际解决的技术问题，首先应当分析要求保护的发明与最接近的现有技术有哪些区别性技术特征，然后根据该区别性特征所能达到的技术效果确定发明实际解决的技术问题。

③判断要求保护的发明对本领域的技术人员来说是否显而易见，这通常是根据实际中需要解决的技术问题来判断区别性技术特征是否显而易见。在判断过程中，要确定的是现有技术整体上是否存在某种技术启示，主要包括：所述区别性特征为公知常识；所述区别性特征为与最接近的现有技

术相关的技术手段；所述区别性特征为另一份对比文件中披露的相关技术手段。❶

3. 实用性

一项技术成果必须能够在工业中得到实际运用、能够在实践中实施，而不是纯理论性的发明创造，才能够获得专利权。《专利法》第 22 条第 4 款规定：实用性，是指该发明或者实用新型能够制造或者使用，并且能够产生积极效果。也就是说，实用性，是指发明或者实用新型申请的主题必须能够在产业上制造或者使用，并且能够产生积极效果。如果一件发明或者实用新型专利申请要求保护一种产品，则该产品必须在产业中能够制造，并且能够解决技术问题。如果一件发明专利申请要求保护一种方法，则该方法必须在产业中能够使用，并且能够解决技术问题。

（1）可实施性。

一方面，可实施性要求发明创造应当能够在产业上制造或使用。此处所指产业，包括工业、农业、林业、水产业、畜牧业、交通运输业以及文化体育、生活用品和医疗器械等行业。在产业上能够制造或者使用的技术方案是指符合自然法则、具有技术特征的任何可实施的技术方案。需要注意的是，在这里所强调的能够制造或使用并不要求该发明或者实用新型的技术方案已经制造或已经使用，只要存在于产业中制造或使用发明或者实用新型技术方案的可能性即可。

另一方面，可实施性要求一项发明创造可以重复实施，具有再现性，即所属技术领域的技术人员可以根据公开的技术内容，能够重复实施专利申请中为解决技术问题所采用的技术方案。技术方案如果不能在产业上重复实施，则失去了工业生产和市场运营的价值，不具备实用性。

（2）有益性。

一项申请专利的发明创造必须能够产生积极效果，这些效果应当是积极的和有益的，比如同现有技术相比，可以表现为提高产品质量、提高生

---

❶ 李正华 . 知识产权法实务 [M] . 武汉：武汉大学出版社，2010：171.

产效率、降低资源或能耗、改善工作和生产环境、减少环境污染、降低生产成本等。明显无益、脱离社会需要的发明或者实用新型专利申请的技术方案不具备实用性。需要注意的是，能够产生积极效果是指发明或者实用新型专利申请在提出申请之日，其产生的经济、技术和社会的效果是所属技术领域的技术人员可以预料到的，而且这些效果应当是积极的、有益的，并不要求已经产生了实际的积极效果。

（二）外观设计专利的实质性要求

鉴于外观设计专利与发明、实用新型在技术方案的创造、形成与使用上存在较大差异，我国《专利法》第 23 条专门对外观设计专利的实质性判断提出了具体要求。

1. 新颖性

《专利法》第 23 条第 1 款规定：授予专利权的外观设计，应当不属于现有设计；也没有任何单位或者个人就同样的外观设计在申请日以前向国务院专利行政部门提出过申请，并记载在申请日以后公告的专利文件中。即授予专利权的外观设计不属于现有设计也没有抵触申请，现有设计是指申请日以前在国内外为公众所知的设计。因此，外观设计专利的新颖性与发明或实用新型的新颖性一致，也属于绝对新颖性标准。

2. 独创性

《专利法》第 23 条第 2 款规定：授予专利权的外观设计与现有设计或者现有设计特征的组合相比，应当具有明显区别。由此可知，授予专利权的外观设计应当与现有设计相比，在整体外观与视觉效果上具有明显区别。与此同时，还要求外观设计应当与两项或者两项以上现有设计的特征组合整体具有明显区别，排除了对多项现有设计的特征进行简单组合而成的设计。需要注意的是，外观设计专利独创性的判断主体，并不是专业技术人员或设计人员，而是一般消费者。并且，这里所称的消费者应当是具有公知常识的理想化的虚拟消费者。

3. 不得与他人在先取得的合法权利相冲突

《专利法》第 23 条第 3 款规定：授予专利权的外观设计不得与他人在

申请日以前已经取得的合法权利相冲突。例如，在先取得的商标权、著作权、企业名称权、肖像权、知名商品特有包装或者装潢使用权等。

第二节　专利申请

一、专利申请的原则

专利权必须依《专利法》的规定向国务院专利行政部门提出专利申请，经审查合格后才能被授予专利权。根据我国《专利法》的规定，专利的申请一般要遵循四个原则：形式法定原则、先申请原则、单一性原则和优先权原则。

（一）形式法定原则

形式法定原则是指专利申请必须以国家审查机关要求的形式提交国务院专利行政部门，不能以口头说明或者提交实物的方式代替法定形式。不仅申请必须以法定形式办理，整个审批过程中的所有手续也必须以相应的法定形式办理。

随着计算机和网络技术的发展与普及，目前申请专利可采取书面形式，也可以采取电子文件形式。《专利法实施细则》第2条规定：专利法和本细则规定的各种手续，应当以书面形式或者国务院专利行政部门规定的其他形式办理。不管是以书面形式还是以国务院专利行政部门规定的其他形式申请专利，在文件规定、文字等方面都必须符合《专利法》及《专利法实施细则》的规定，电子申请也需要采用专用的系统，而诸如传真、电报、电子邮件等方式不被接受。具体来说，纸件文件接收方式为申请人当面提交申请文件至专利局业务受理大厅、专利局各代办处受理窗口，或将申请文件邮寄到专利局受理处、专利局各代办处。电子文件接收方式为国家知识产权局专利电子申请系统。

（二）先申请原则

先申请原则是指有多个申请人就同样的发明创造提出专利申请时，专利权授予最先申请人。根据《专利法》第 9 条规定："同样的发明创造只能授予一项专利权。但是，同一申请人同日对同样的发明创造既申请实用新型专利又申请发明专利，先获得的实用新型专利权尚未终止，且申请人声明放弃该实用新型专利权的，可以授予发明专利权。两个以上的申请人分别就同样的发明创造申请专利的，专利权授予最先申请的人。"

由此可见，相同的发明创造在同一天申请专利，包含不同申请人和同一申请人在同一天就同样的发明创造提交专利申请的两种情况，其处理方式不同。对于前一种情况，申请人应当在收到国务院专利行政部门通知后自行协商确定申请人，可以协商为共同申请人也可以协商为一方为申请人；协商不成的，都不授予专利权让其成为社会公有技术。对于后一种情况，国务院专利行政部门只能授予其中一件专利申请专利权，另一件专利申请，若申请人自己不主动撤回，则予以驳回。❶

（三）单一性原则

单一性原则是指一件专利申请限于一项发明创造。我国《专利法》第 31 条规定，一件发明或者实用新型专利申请应当限于一项发明或者实用新型。属于一个总的发明构思的两项以上的发明或者实用新型，可以作为一件申请提出。一件外观设计专利申请应当限于一项外观设计。同一产品两项以上的相似外观设计，或者用于同一类别并且成套出售或者使用的产品的两项以上外观设计，可以作为一件申请提出。

（四）优先权原则

优先权原则是指申请人在一个缔约国第一次提出专利申请后，在法定期限内又以相同的发明创造向其他缔约国提出申请的，该申请人有权要求缔约国以申请人第一次提出专利申请的缔约国的申请日为申请日，也就是优先权日，其法定期限就是优先权期限。

申请人自发明或者实用新型在外国第一次提出专利申请之日起 12 个月内，或者自外观设计在外国第一次提出专利申请之日起 6 个月内，又在中

---

❶ 李正华. 知识产权法实务［M］. 武汉：武汉大学出版社，2010：175.

国就相同主题提出专利申请的，依照该外国同中国签订的协议或者共同参加的国际条约，或者依照相互承认优先权的原则，可以享有优先权。申请人自发明或者实用新型在中国第一次提出专利申请之日起 12 个月内，或者自外观设计在中国第一次提出专利申请之日起 6 个月内，又向国务院专利行政部门就相同主题提出专利申请的，可以享有优先权。

申请人要求发明、实用新型专利优先权的，应当在申请的时候提出书面声明，并且在第一次提出申请之日起 16 个月内，提交第一次提出的专利申请文件的副本。申请人要求外观设计专利优先权的，应当在申请的时候提出书面声明，并且在 3 个月内提交第一次提出的专利申请文件的副本。申请人未提出书面声明或者逾期未提交专利申请文件副本的，视为未要求优先权。

二、专利申请手续及相关文书

专利申请人向国务院专利行政部门提出专利申请以及在专利审批程序中办理的各种与专利申请有关的手续统称为专利申请手续。

（一）专利申请途径及方式

申请人可以委托专利代理机构办理专利申请，也可以自己直接向国务院专利行政管理机关办理专利申请。委托专利代理机构办理的，需提交专利代理委托书，并在请求书中填写专利代理机构及专利代理人的相关信息。值得注意的是，任何单位或者个人将在中国完成的发明或者实用新型向外国申请专利的，应当事先报经国务院专利行政部门进行保密审查。保密审查的程序、期限等按照国务院的规定执行。

办理专利申请手续可以直接面交，也可以邮寄方式递交，以及可以使用电子申请方式。以邮寄方式递交申请文件的，应当以挂号信递交，并保存好挂号凭证。使用电子申请方式的，申请人应当事先与国家知识产权局签订电子专利申请系统用户注册协议，申请人提出电子专利申请并被受理的，在审批程序中应当通过电子专利申请系统以电子文件形式提交相关文件。

（二）专利申请文件的收集

以书面形式申请专利的，应当向国家知识产权局提交申请文件一式一份。申请发明专利的，应当提交《专利法》第26条规定的请求书、权利要求书、说明书及其摘要、说明书附图（必要时）。申请实用新型专利的，应当提交《专利法》第26条规定的请求书、权利要求书、说明书及其摘要、说明书附图。申请外观设计专利的，应当提交《专利法》第27条规定的请求书、该外观设计的图片或者照片以及对该外观设计的简要说明。以电子形式申请专利的，应当通过专利电子申请系统（电子申请客户端或在线业务办理平台）以电子文件形式提交相关专利申请文件及手续，提交文件的格式应符合《电子申请文件格式要求说明》《关于外观设计专利电子申请提交规范注意事项》的相关要求。

1. 发明或实用新型专利所需提交的文件

申请发明或者实用新型专利的，应当提交请求书、说明书及其摘要和权利要求书等文件。请求书应当写明发明或者实用新型的名称，发明人的姓名，申请人姓名或者名称、地址，以及其他事项。说明书应当对发明或者实用新型作出清楚、完整的说明，以所属技术领域的技术人员能够实现为准；必要的时候，应当有附图。摘要应当简要说明发明或者实用新型的技术要点。权利要求书应当以说明书为依据，清楚、简要地限定要求专利保护的范围。

（1）请求书。

请求书是申请人向国务院专利行政部门表述请求授予专利权愿望的书面文件。申请人在请求书中要写明发明或实用新型的名称、发明人或设计人的姓名、申请人的姓名或名称、地址，委托代理的，应写明代理人及代理机构的情况；要求优先权的，应当写明与优先权相关的信息。发明名称应与说明书中的发明名称一致。发明人应当是个人，是对发明创造的实质性特点作出创造性贡献的人。申请人可以是个人，也可以是单位。申请人委托专利代理机构办理的，应在代理机构一栏填写专利代理机构的全称、代理人及编号等相关信息。一件专利申请的专利代理人不得超过两人。申请人未委托专利代理机构的，应写明其联系人的姓名、地址、邮政编码及联系电话等。请求书还应当包括申请人或专利代理机构的签字或盖章，申请文件清单。

（2）说明书及附图。

专利说明书是专利申请中的重要文件之一，也是申请人对社会公众公开其发明创造的重要法律文件。根据《专利法》和《专利法实施细则》的要求，说明书应当对发明或者实用新型作出清楚、完整的说明，并达到以所属技术领域的技术人员能够实现为准。所谓"清楚"是指主题明确、表述清楚，即应当写明发明或者实用新型所要解决的技术问题以及解决其技术问题采用的技术方案，并对照现有技术写明发明或者实用新型的有益效果。"完整"是指说明书应当包括有关理解、实现发明或者实用新型所需的全部技术内容。"能够实现"是指所属技术领域的技术人员按照说明书记载的内容，就能够实现该发明或者实用新型的技术方案，解决其技术问题，并且产生预期的技术效果。

说明书包括发明名称、技术领域、背景技术、发明内容、附图说明（说明书无附图的，说明书文字部分不包括附图说明及其相应的标题）和具体实施方式。通常情况下申请人应该按照以上顺序撰写，并除发明名称外，需在每一部分前加上标题。技术领域，即写明要求保护的技术方案所属的技术领域；技术领域不能写得太上位，即技术领域的范围不能太宽泛，也不能是技术方案本身。背景技术，即写明对发明或者实用新型的理解、检索、审查有用的背景技术。在背景技术中可以引证与专利申请最接近的现有技术文件，引证的文件可以是专利文件，也可以是非专利文件。此外，在说明书背景技术部分，还要客观地指出背景技术中存在的、由本专利申请的技术方案能够解决的问题和缺点。发明内容，即写明发明或者实用新型所要解决的技术问题以及解决其技术问题采用的技术方案，并对照现有技术写明有益效果。技术方案是专利申请的核心，是清楚、完整地描述发明或者实用新型解决其技术问题所采取的技术方案的技术特征。有益效果是确定发明是否具有"显著的进步"，实用新型是否具有"进步"的重要依据，应当通过对发明或者实用新型结构特点的分析和理论说明相结合，或者通过列出实验数据的方式，清楚、客观地写明发明或者实用新型与现有技术相比所有的有益效果。附图说明，指说明书有附图的，应当写明各幅附图的图名，并且对图示的内容作简要说明。说明书附图是说明书的一个组成部分，附图的作用在于用图形补充说明书文字部分的描述，使人能够直观地、形象化地理解发明或者实用新型的每个技术特征和整体技术方案。实用新型专利申请的说明书必须有附图，发明专利可以没有附图。具体实施方式，指申请人认为实现发明或者实用新型的优选的具体实施方式，是说明书的重要组成部分，它对于充分公开、理解和实现发明或者实用新型，支持和解释权利要求极为重要。在适当情况下，应当举例说明，称为实施例；实施例的数量可以是一个，也可以是多个。对于产品的发明或者实用新型，实施方式或者实施例应当描述产品的机械构成、电路构成或者化学成分，说明组成产品的各部分之间的相互关系。对于方法的发明，应当写明其步骤，包括可以用不同的参数或者参数范围表示的工艺条件。

（3）摘要。

说明书摘要是对整个发明创造的简短概述，它仅是一种供有关人员迅速获知发明或实用新型内容的情报检索性文件，不具有法律效力，不能作为以后修改说明书和权利要求书的根据，也不能用来解释专利权的保护范围。它主要应写明发明或实用新型的名称，所属的技术领域，发明创造的要点、用途，与现有技术相比所具有的优点与积极效果。说明书有附图的要附上一幅最有代表性的附图。摘要中不得使用商业性宣传用语。❶

（4）权利要求书。

权利要求书是专利申请文件中最核心的组成部分，限定了专利申请文件所要求的保护范围，其撰写的结果应该实现专利申请的目的：一是得到确定且稳定的保护；二是尽可能得到最大范围的保护。一份权利要求书中至少应包括一项独立权利要求，还可以包括一项或多项从属权利要求。独

❶　李正华. 知识产权法实务［M］. 武汉：武汉大学出版社，2010：177-179.

立权利要求应当从整体上反映发明或实用新型的技术方案，从属权利要求是对引用的另一项权利要求的进一步限定，指出要求保护的附加技术特征。

一方面，针对权利要求书形式上的要求，主要来源于《专利法实施细则》第 19 条的规定。具体包括以下内容：（1）权利要求书有几项权利要求的，应当用阿拉伯数字顺序编号。（2）权利要求书中使用的科技术语应当与说明书中使用的科技术语一致，可以有化学式或者数学式，但是不得有插图。除绝对必要的外，不得使用"如说明书……部分所述"或者"如图……所示"的用语。（3）权利要求中的技术特征可以引用说明书附图中相应的标记，该标记应当放在相应的技术特征后并置于括号内，便于理解权利要求。附图标记不得解释为对权利要求的限制。另外，根据专利审查指南和专利审查实践情况，权利要求书在形式上还需要注意以下几点：（1）每项权利要求只允许在结尾处使用句号，但中间允许使用分号。一项权利要求可用一个自然段表述，也可用多行或多个自然段表述。（2）权利要求书不应出现标题行；只在绝对必要时才能用表格；一般不得使用人名、地名、商标名或商品名。❶

另一方面，针对权利要求书内容上的要求，主要来源于《专利法》第 25 条的规定。权利要求书应当以说明书为依据，清楚、简要地限定要求专利保护的范围。（1）权利要求书是否清楚，对于确定发明或者实用新型要求保护的范围是极为重要的。权利要求书应当清楚，一是指每一项权利要求应当清楚，二是指构成权利要求书的所有权利要求作为一个整体也应当清楚。首先，每项权利要求的类型应当清楚。权利要求的主题名称应当能够清楚地表明该权利要求的类型是产品权利要求还是方法权利要求。不允许采用模糊不清的主题名称，例如，"一种……技术"，或者在一项权利要求的主题名称中既包含产品又包含方法，例如，"一种……产品及其制造方法"。另外，权利要求的主题名称还应当与权利要求的技术内容相适应。其次，每项权利要求所确定的保护范围应当清楚。权利要求的保护范围应

---

❶ 朱显国. 知识产权代理［M］. 北京：知识产权出版社，2017：57.

当根据其所用词语的含义来理解。一般情况下，权利要求中的用词应当理解为相关技术领域通常具有的含义。最后，构成权利要求书的所有权利要求作为一个整体也应当清楚，这是指权利要求之间的引用关系应当清楚。（2）权利要求书应当简要，一是指每一项权利要求应当简要，二是指构成权利要求书的所有权利要求作为一个整体也应当简要。例如，一件专利申请中不得出现两项或两项以上保护范围实质上相同的同类权利要求。权利要求的数目应当合理。在权利要求书中，允许有合理数量的限定发明或者实用新型优选技术方案的从属权利要求。权利要求的表述应当简要，除记载技术特征外，不得对原因或者理由作不必要的描述，也不得使用商业性宣传用语。为避免权利要求之间相同内容的不必要重复，在可能的情况下，权利要求应尽量采取引用在前权利要求的方式撰写。（3）权利要求书应当以说明书为依据，是指权利要求应当得到说明书的支持。权利要求书中的每一项权利要求所要求保护的技术方案应当是所属技术领域的技术人员能够从说明书充分公开的内容中得到或概括得出的技术方案，并且不得超出说明书公开的范围。

2. 外观设计专利所需提交的文件

申请外观设计专利的，应当提交请求书、该外观设计的图片或者照片以及对该外观设计的简要说明等文件。申请人提交的有关图片或者照片应当清楚地显示要求专利保护的产品的外观设计。

（1）请求书。

首先应填写使用外观设计的产品名称。该名称应准确地表明请求给予保护的产品，并且一般应当符合国际外观设计分类表中小类列举的名称，避免使用人名、地名、公司名、商标、代号、型号或以历史时代命名的产品名称；也要避免使用概括、抽象、附有功能、构造的名称，如"文具"属于概括的名称，也属于国际外观设计分类中的大类，因此不能用于外观设计的产品名称；也不能使用附有产品规格、数量单位的名称。申请人还应当写明产品所属类别，即该产品在国际外观设计分类表中的类别。申请人不明确该产品所属类别的，应当写明产品所属领域、用途、使用方法或使用场所。申请外观设计专利的请求书中的其他栏目的要求同发明和实用新型专利的请求书相同。

（2）图片或照片。

申请产品的立体外观设计，应当递交能清楚、完整、准确显示外观设计的照片或者图片。就立体外观设计产品而言，产品设计要点涉及六个面的，应当提交六面正投影视图；产品设计要点仅涉及一个或几个面的，应当至少提交所涉及面的正投影视图和立体图；就平面外观设计产品而言，产品设计要点涉及一个面的，可以仅提交该面正投影视图；产品设计要点涉及两个面的，应当提交两面正投影视图。图片可以使用包括计算机在内的制图工具绘制，但不得使用铅笔、蜡笔、圆珠笔绘制，也不得使用蓝图、草图、油印件。请求保护的外观设计包含色彩的专利申请，申请人应当提交着色的图片或者照片一式两份。

（3）简要说明。

简要说明是对产品图片或者照片的说明或限定，用来对外观设计产品的设计要点、省略视图以及请求保护色彩等情况进行扼要的描述。简要说明不得使用商业性宣传用语，也不能用来说明产品的性能和用途。除此之外，根据《专利法实施细则》第 29 条规定，国务院专利行政部门认为必要时，可以要求外观设计专利申请人提交使用外观设计的产品样品或者模型。❶

（三）专利申请文件的处理

1. 专利申请文件的提交

申请人准备好专利申请文件后，可以直接面交、邮寄递交，或者电子申请。当事人委托专利代理机构的，文件送交专利代理机构；未委托专利代理机构的，文件送交请求书中指明的联系人。

申请人以电子文件形式申请专利的，应当事先办理电子申请用户注册手续，通过专利局专利电子申请系统向专利局提交申请文件及其他文件。

---

❶ 李正华. 知识产权法实务［M］. 武汉：武汉大学出版社，2010：182.

申请人以书面形式申请专利的，可以将申请文件及其他文件当面交到专利局的受理窗口或寄交至"国家知识产权局专利局受理处"（以下简称"专利局受理处"），也可以当面交到设在地方的专利局代办处的受理窗口或寄交至"国家知识产权局专利局×××代办处"。目前专利局在北京、沈阳、济南、长沙、成都、南京、上海、广州、西安、武汉、郑州、天津、石家庄、哈尔滨、长春、昆明、贵阳、杭州、重庆、深圳、福州、南宁、乌鲁木齐、南昌、银川、合肥、苏州、海口、兰州、太原等城市设立代办处。

　　另外，如果专利技术涉及国防事项，由国防知识产权局专门受理国防专利申请。如果申请专利的发明涉及新的生物材料，该生物材料公众不能得到，并且对该生物材料的说明不足以使所属领域的技术人员实施其发明的，申请人还必须办理特定的手续，包括在申请日前要将生物材料提交国务院专利行政部门认可的保藏单位保藏，申请文件中提供有关该生物材料特征的材料，在请求书和说明书中写明该生物材料的分类命名、保藏单位、保藏日期、保藏编号等。

　　2. 专利申请文件的主动修改

　　申请文件的修改分为主动修改和根据国家知识产权局审查员的要求进行被动修改两种。为使专利申请文件清晰、完整地表明专利申请的发明内容，根据《专利法》第 33 条和《专利法实施细则》第 51~52 条的规定，申请人提交申请文件后，可以对专利申请文件进行主动修改。为了保持申请秩序的稳定，法律对修改的范围和时间作了限制，其中，对发明和实用新型专利申请文件的修改不得超出原说明书和权利要求书记载的范围，对外观设计专利申请文件的修改不得超出原图片或者照片表示的范围。对于发明专利申请，提出修改应该在提出实质审查请求或者在收到国家知识产权局发出的实质审查通知书之日起 3 个月内；对于实用新型或外观设计提出修改应在申请日起 2 个月内。

　　3. 专利申请的撤回

　　专利申请的撤回分为申请人主动撤回和因申请人不作为而视为撤回的两种方式。主动撤回是指提交申请后，在被授予专利权前，申请人还可以随时撤回专利申请。主动撤回申请的声明应向国务院专利行政部门提出，并在其收到时生效。撤回专利申请不得附有任何条件。撤回专利申请声明不符合规定的，国家知识产权局发出视为未提出通知书；符合规定的，国家知识产权局发出手续合格通知书。撤回专利申请的生效日为手续合格通知书的发文日。撤回专利申请的声明是在专利申请进入公布准备后提出的，申请文件照常公布或者公告，但审查程序终止。对于已经公布的发明专利申请，国家知识产权局在专利公报上予以公告。申请人无正当理由不得要求撤销撤回专利申请的声明。视为撤回是指申请人若不作为，如自申请日起 3 年内，发明专利申请人无正当理由不请求实质审查的，或者申请人之后没有缴纳申请费的，该申请即被视为撤回。

若申请在公开前撤回的，视为该申请自始不存在，不影响其在后申请的新颖性；但如果是在公开后撤回的，则该发明创造将丧失新颖性。

4. 专利申请文件的不予受理

国务院专利行政部门对提交的专利申请文件进行形式审查，专利申请文件有下列情形之一的，国务院专利行政部门不予受理，并通知申请人：（1）发明或者实用新型专利申请缺少请求书、说明书（实用新型无附图）或者权利要求书的，或者外观设计专利申请缺少请求书、图片或者照片、简要说明的；（2）未使用中文的；（3）使用包裹向国务院专利行政部门邮寄有关申请或者专利权的文件；（4）请求书中缺少申请人姓名或者名称，或者缺少地址的；（5）明显不符合《专利法》第18条或者第19条第1款的规定的；（6）专利申请类别（发明、实用新型或者外观设计）不明确或者难以确定的。

三、专利审查程序

我国的发明专利实行早期公开、延迟审查制，对实用新型和外观设计专利的审查采取登记制，即只进行形式审查。

（一）受理申请

国家知识产权局收到专利申请后，对符合受理条件的申请，将确定申请日，给予申请号，发出受理通知书。不符合受理条件的，将发出文件不受理通知书。申请人收到受理通知书和缴费通知书后，应当认真核对通知书上的信息，对通知书信息有异议的，应当及时向国家知识产权局提出。向国家知识产权局受理处寄交申请文件的，一般在 1 个月左右可以收到国家知识产权局的受理通知书，超过 1 个月尚未收到国家知识产权局通知的，申请人应当及时向专利局受理处查询。申请人或专利权人的地址有变动的，应当及时向国家知识产权局提出著录项目变更；如果申请人与专利代理机构解除代理关系，应当向国家知识产权局办理变更手续。

（二）初步审查

初步审查也称形式审查，是国务院专利行政部门对申请人所提交的专利申请进行是否符合形式条件的审查。

根据《专利法》的规定，发明专利申请初步审查的主要内容包括：（1）审查申请人提交的申请文件是否完整，文件格式是否正确，撰写是否符合《专利法》及《专利法实施细则》的规定；（2）申请文件的明显实质性缺陷审查，申请主题是否属于违反国家法律、社会公德或者妨害公共利益的发明创造，以及《专利法》第 25 条规定的不授予专利权的对象；（3）申请人的身份是否合法，申请人是外国人的，是否有依法委托中国专利代理机构；（4）是否有享有优先权的及相关文件的审查；（5）申请人是否缴纳了申请费等。

国务院专利行政部门在形式审查中发现问题，将要求申请人提交补正文件，申请人需要在收到补正通知书之日起 2 个月内提交补正文件。审查员在补正通知书正文中会指明专利申请存在的格式缺陷，例如，字迹不清晰，公式中有字迹重叠等，同时指出补正期限。申请人补正提交的文件包括补正书、补办相应手续或修改申请文件的替换页等。

实用新型和外观设计初步审查的内容除了包括与发明专利初步审查相同的内容外，还包括：（1）实用新型专利申请的主题是否符合《专利法实施细则》规定的实用新型的定义；（2）申请是否符合单一性规定；（3）是否会违反重复授权原则；（4）申请的修改或分案申请是否超出原说明书和权利要求书记载的范围。由此可见，对实用新型和外观设计的初步审查既有格式审查，也包含部分必要的实质审查。

对于实用新型和外观设计专利申请初步审查的目的是审查其文件是否符合授权条件。如果存在明显实质性缺陷，审查员会发出"审查意见通知书"。例如，专利申请的视图所表示的内容为常见形状，颜色仅为单一颜色，无图案设计，属于仅以在产品所属领域内司空见惯的几何形状和颜色构成的外观设计，属于不授予外观设计专利权的情形。此时，申请人或代理人应当根据该外观设计的形状和颜色，并根据申请人提供的设计思路和要点撰写意见陈述书，详细阐述该外观设计申请符合《专利法》的理由。

（三）早期公开

国务院专利行政部门收到发明专利申请后，经初步审查认为符合《专利法》要求的，自申请日起满18个月，即行公布。国务院专利行政部门也可以根据申请人的请求早日公布其申请。申请人如果希望提前公布，可以填写《提前公开请求书》，要求早日公布其申请，国务院专利行政部门在初审合格后，立即公布。

提前公布的优点在于，可以更早进入实质审查程序；缩短获得授权的周期；使申请人尽早获得"临时保护"。与此同时，提前公布的缺点在于，竞争对手通过情报分析可知专利申请人的专利布局、正在进行的技术开发内容，以及拟进入的市场。那么，是否要进行提前公布的参考因素主要包括：第一，技术发展的成熟度方面，较成熟的技术宜于提前公布；第二，技术被模仿或分解的难易程度方面，较难模仿或分解的技术宜于提前公布；第三，产品和市场战略方面，创新市场或产品相关技术不宜提前公布。

（四）实质审查

发明专利申请的申请人需要自申请日（优先权日）起3年内，提起实质审查的请求，否则该申请视为撤回。国务院专利行政部门根据申请人实质审查的请求，对发明专利申请进行实质审查，实质审查的主要内容包括：第一，对发明主题的新颖性、创造性、实用性进行审查。不符合"三性"要求的，书面通知申请人或代理人，在指定的期限内陈述意见，进行修改。

第二，单一性审查。对于不符合单一性要求的，应通知申请人或代理人作分案处理。第三，对说明书和权利要求书的审查，说明书应当清楚完整地说明发明的主要技术特征，充分公开使同领域的技术人员能够实施，同时，还要对权利要求给予支持。

（五）授权公告

根据《专利法》第 39~40 条的规定，发明专利申请经实质审查没有发现驳回理由的，由国务院专利行政部门作出授予发明专利权的决定，发给发明专利证书，同时予以登记和公告。发明专利权自公告之日起生效。实用新型和外观设计专利申请经初步审查没有发现驳回理由的，由国务院专利行政部门作出授予实用新型专利权或者外观设计专利权的决定，发给相应的专利证书，同时予以登记和公告。实用新型专利权和外观设计专利权自公告之日起生效。

实用新型和外观设计专利申请经初步审查，发明专利申请经实质审查，未发现驳回理由的，国务院专利行政部门将发出授权通知书和办理登记手续通知书。申请人接到授权通知书和办理登记手续通知书以后，应当按照通知的要求在 2 个月之内办理登记手续。办理登记手续时，不必再提交任何文件，申请人只需按规定缴纳专利登记费、公告印刷费、印花税和授予专利权当年的年费。授权当年按照办理登记手续通知书中指明的年度缴纳相应费用。未在规定的期限内按规定办理登记手续的，视为放弃取得专利权的权利。

专利申请被授予专利权后，专利权人应于上一年度期满前缴纳下一年度的年费。期满未缴纳或未缴足的，专利权人可以自应当缴纳年费期满之日起 6 个月内补缴，同时按超过的时间缴纳滞纳金。补缴期满年费和滞纳金未缴纳的或者缴纳数额不足的，专利权自上一年度届满终止。

四、非正常申请专利

为严厉打击非正常申请专利行为，从源头上促进专利质量提升，国家知识产权局采取了一系列措施。2007 年，国家知识产权局制定了《关于规范专利申请行为的若干规定》（国家知识产权局令第 45 号），并于 2017 年进行了修改，发布了国家知识产权局令第 75 号。根据第 75 号局令，国家知识产权局于 2018～2020 年对非正常申请专利行为进行了排查处置。然而，近来又出现了一些非正常申请专利行为，且行为变化多样、屡禁不止。为了确保实现专利法鼓励真实创新活动的立法宗旨，打击和遏制不以保护创新为目的的各类非正常申请专利行为，国家知识产权局在 2021 年制定并发布《关于规范申请专利行为的办法》，对申请专利行为进一步予以规制。

（一）非正常申请专利行为的界定

我国《关于规范申请专利行为的办法》第 2 条第 1 款对非正常申请专利行为作出了明确定义：任何单位或者个人，不以保护创新为目的，不以真实发明创造活动为基础，为牟取不正当利益或者虚构创新业绩、服务绩效，单独或者勾联提交各类专利申请、代理专利申请、转让专利申请权或者专利权等行为都属于非正常申请专利行为。具体来说，包括以下几个方面。

（1）"同时或者先后提交发明创造内容明显相同、或者实质上由不同发明创造特征或要素简单组合变化而形成的多件专利申请"，是指发明创造内容明显相同或经过简单组合变化而形成多件专利申请，无论这些专利申请是同时提交还是先后提交的，既包括提交多件不同材料、组分、配比、部件等简单替换或拼凑的发明或实用新型申请，也包括对不同设计特征或要素原样或细微变化后，进行简单拼合、替换得到的外观设计申请。需要特别指出的是"发明创造内容明显相同"并不包括《专利法》第 9 条第 1 款所允许的同一申请人同日对同样的发明创造既申请实用新型专利又申请发明专利的情形。

（2）"所提交专利申请存在编造、伪造或变造发明创造内容、实验数据或技术效果，或者抄袭、简单替换、拼凑现有技术或现有设计等类似情况"，其中"编造、伪造或变造"主要指编造、伪造不存在的发明创造内容、实验数据、技术效果等行为；或者对已有技术或设计方案加以修改变造后，夸大其效果，但实际无法实现该效果的行为。

（3）"所提交专利申请的发明创造与申请人、发明人实际研发能力及资源条件明显不符"，是指提交的专利申请的发明创造数量或内容明显超出申请人、发明人的实际研发能力及资源条件。例如，某公司短期内提交了大量专利申请，但经查证，该公司没有参保人员和实缴资本，实际为无科研投入、无研发团队、无生产经营的空壳公司。

（4）"所提交多件专利申请的发明创造内容系主要利用计算机程序或者其他技术随机生成"，是指没有科研人员实际参与，仅利用计算机手段随机、无序地形成技术方案或设计方案，不是真实的创新活动。例如，提交的多件申请内容完全是利用计算机技术随机生成的技术方案、产品形状、图案或者色彩。

（5）"所提交专利申请的发明创造系为规避可专利性审查目的而故意形成的明显不符合技术改进或设计常理，或者无实际保护价值的变劣、堆砌、非必要缩限保护范围的发明创造，或者无任何检索和审查意义的内容"，是指站位本领域技术人员角度，申请人为规避可专利性审查目的，故意将本领域常规的或者本可以通过简单步骤实现的技术路线或设计方案复杂化处理，但实际上并没有实现技术改进和设计改进，尤其是通过罗列大量、细微非必要技术特征形成的权利要求，本质上毫无必要地缩限了保护范围。

（6）"为逃避打击非正常申请专利行为监管措施而将实质上与特定单位、个人或地址关联的多件专利申请分散、先后或异地提交"，是指为逃避被认定为非正常申请专利行为，故意通过注册多个公司、利用多个身份证件号码或使用多个公司地址而将本属于同一申请人的专利申请从时间、地点、申请人等多个角度进行分散提交的行为。

（7）"不以实施专利技术、设计或其他正当目的倒买倒卖专利申请权或专利权，或者虚假变更发明人、设计人"。其主要包括两种情形：一是出于非市场竞争目的的倒买倒卖专利申请权或专利权的行为。例如，某机构或个人将审查期间的专利申请或获得授权后的专利进行批量转让，且转让人所持有的专利申请或专利与其经营业务没有必然关联；或者受让人明显不是出于技术实施或其他合理法律目的受让专利申请或专利权的行为。二是虚假变更发明人、设计人的行为。实践中发现存在出于不正当利益目的，将未对发明创造作出贡献的人变更为发明人或设计人的情况，而《专利法实施细则》第13条规定，发明人或设计人应当是对发明创造的实质性特点作出创造性贡献的人。

（8）"专利代理机构、专利代理师，或者其他机构或个人，代理、诱导、教唆、帮助他人或者与之合谋实施各类非正常申请专利行为"，是指有资质的专利代理机构、专利代理师以及无专利代理资质的机构或个人，实施各类非正常申请专利行为。其包括直接代理非正常专利申请的行为，以及诱导、教唆、帮助他人提出非正常专利申请的行为。

（二）非正常申请专利行为的审查与救济

无论是在专利申请受理、初审、实审、复审程序中，还是在国际申请的国际阶段程序中发现或者根据举报得知，并初步认定存在非正常申请专利行为的，国家知识产权局都可依据《关于规范申请专利行为的办法》通知申请人在指定期限内主动撤回相关专利申请或法律手续办理请求，或者陈述意见。申请人对于初步认定不服的，应当在指定期限内陈述意见并提交充分证明材料。无正当理由逾期不答复的，相关专利申请被视为撤回，相关法律手续办理请求被视为未提出。经申请人陈述意见后，国家知识产权局仍然认为属于非正常申请专利行为的，将依法驳回相关专利申请，或者不予批准相关法律手续办理请求。

国家知识产权局对非正常申请专利行为将在充分考虑相关证据的基础上，秉持客观、公正、审慎的审查原则进行处理。经申请人意见陈述后，国家知识产权局认为不属于非正常申请专利行为的，将纳入正常审查程序继续审查。如公民、法人或其他组织对于国家知识产权局处理非正常申请专利行为的具体行政行为不服的，可以依照《国家知识产权局行政复议规程》有关规定向国家知识产权局申请行政复议，或直接向人民法院提起行政诉讼。如专利申请人对国家知识产权局驳回申请的决定不服的，可以依照《专利法》第41条的规定向国家知识产权局请求复审。

（三）非正常申请专利行为的处理措施

对存在非正常申请专利行为的专利代理机构或者专利代理师，由中华全国专利代理师协会采取自律措施，对于屡犯等情节严重的，由国家知识产权局或者省、自治区、直辖市人民政府管理专利工作的部门依据《专利代理条例》和《专利代理管理办法》的规定进行处罚。

对于存在上述行为的其他机构或个人，有证据证明存在擅自开展专利代理业务行为的，省、自治区、直辖市人民政府管理专利工作的部门依据《专利代理条例》的规定对其无资质专利代理行为进行处罚。如发现其存在其他违法违规行为线索的，依法移送有关部门处理。

对提交非正常专利申请情节严重的申请人，在不予减缴专利费用、要求进行补缴的基础上，自认定非正常申请专利行为之日起5年内对其所有专利申请不予减缴专利费用；对于存在非正常申请专利行为的单位或者个人，如其行为依据《刑法》涉嫌构成犯罪的，依法移送有关机关追究其刑事责任。

第三节　专利的复审、无效与终止

一、专利复审

在审查程序中，申请人应审查员要求陈述意见或进行修改或补正以后，国家知识产权局认为申请仍不符合专利法及其实施细则规定的，将作出驳回申请的决定，并通知申请人。申请人对国家知识产权局驳回申请的决定不服的，可以自收到通知之日起3个月内向国家知识产权局内设机构请求复审。请求复审应当提交复审请求书，说明复审的理由。为了支持复审理由或者消除申请文件中的缺陷，申请人在请求复审时，可以附具有关证明文件或资料，也可以对申请文件进行修改，修改应当仅限于消除驳回决定指出的缺陷。复审请求应当由全体申请人共同提出。复审请求还应当缴纳复审费。申请人对复审决定不服的，可以自收到通知之日起3个月内向人民法院起诉。

（一）专利复审的作用

设立专利复审制度主要有以下几方面作用。

（1）保障当事人的申诉权利。保护发明创造是《专利法》的立法宗旨，设立复审程序，给予被驳回专利申请的申请人发表意见的机会，是《专利法》宗旨的体现。

（2）确保审查结论的合法性与合理性。由于专利审查涉及最新的技术和复杂的法律问题，很难保证每一个决定在程序上和实体上都是恰当的。设立采用合议审查方式的复审程序，能够更好地保证审查的合法性及合理性。

（3）给予当事人补救的途径。复审程序中设有前置审查程序，从而为申请人提供一种可能通过修改文件或陈述理由而及时撤销驳回决定的快捷的补救途径。专利申请经过初步审查或者实质审查后，总会有一部分申请因为形式缺陷或者实质性缺陷被驳回，而这些缺陷中有些是可以通过如修改专利申请文件等方式被克服的，设立复审程序为申请人提供了克服这些缺陷的机会。

（4）节省司法资源。将对驳回专利申请这种具体行政行为不服的纠纷直接交由人民法院依照行政诉讼程序处理，从司法实践来看，是不现实的。其一方面将占用大量的司法资源，另一方面法官因缺少相应的专业技术背景，而在审理中具有很多困难。因此，各国普遍设立了专利复审程序，从而为申请人提供一个程序相对简单而且审理人员具有专业技术知识的救济途径。

（二）申请专利复审应满足的条件

请求复审的案件应具备下列条件：

（1）对国家知识产权局作出的驳回决定不服的，专利申请人可以向国家知识产权局提出复审请求；

（2）被驳回申请的申请人可以向国家知识产权局提出复审请求，被驳回申请的申请人属于共同申请人的，复审请求人应是全部申请人；

（3）可以在收到国家知识产权局作出的驳回决定之日起 3 个月内，向国家知识产权局提出复审请求，请求人因不可抗拒的事由或其他正当理由而延误上述法律期限的，可以根据《专利法实施细则》第 6 条向国家知识产权局请求恢复权利。

（三）专利复审的程序

1. 形式审查

国家知识产权局复审和无效审理部在收到复审请求书之后，首先要进行形式审查，判断该请求是否满足申请复审的条件，从而决定是否受理。复审请求经形式审查符合专利法及其实施细则和审查指南有关规定的，国家知识产权局向请求人发出受理通知书。复审请求经形式审查不符合专利法及其实施细则和审查指南有关规定需要补正的，国家知识产权局向请求人发出补正通知书。请求人应当在收到补正通知书之日起的指定期限内补正。

复审请求具有以下情形之一的，国家知识产权局向请求人发出视为未提出通知书：（1）请求人未在专利局复审和无效审理部发出的补正通知书指定期限内补正；（2）请求人在指定期限内补正但经两次补正后仍存在同样缺陷；（3）请求人在收到驳回决定之日起 3 个月内提出复审请求，但在此期限内未缴纳或者未缴足复审费；（4）请求人具备情形（3）所列情况，并且未提出恢复权利请求或者提出的恢复权利请求不符合《专利法实施细则》第 6 条或者第 99 条第 1 款有关请求恢复权利的规定。

复审请求具有以下情形之一的，国家知识产权局向请求人发出不予受理通知书：（1）请求人不是被驳回申请的申请人；（2）请求人未针对专利局所作出的驳回决定提出复审请求；（3）请求人未在收到驳回决定之日起 3 个月内提出复审请求；（4）请求人具备情形（3）所列情况，并且未提出恢复权利请求或者提出的恢复权利请求不符合《专利法实施细则》第 6 条或者第 99 条第 1 款有关请求恢复权利的规定；（5）在中国没有经常居所或者营业所的外国人、外国企业或者外国其他组织作为请求人未按规定委托专利代理机构；（6）复审请求所涉及的专利申请尚未被驳回。

2. 实质审查

国家知识产权局复审和无效审理部经过形式审查决定受理复审后，应当将受理的复审请求书转交国务院专利行政部门原审查部门首先进行审查。原审查部门经过审查后，会有以下几种审查意见：一是复审请求证据充分、理由成立，原审查部门同意撤销原驳回决定。二是复审请求人提交了其原专利申请文件修改本，克服了原申请文件的不足，满足法律的要求。因此，原审查部门同意在修改文本的基础上撤销原驳回申请的决定。三是复审请求人陈述的意见和提交的申请文件修改本不足以使驳回决定被撤销，原审查部门坚持原驳回申请的决定。针对第一种、第二种前置审查意见，国家知识产权局复审和无效审理部应当直接据此作出复审决定，不需要再进行合议审查。而针对第三种前置审查意见，国家知识产权局复审和无效审理部需要进行合议审查，然后再作出复审决定。

经过前置审查程序，原审查部门作出坚持原驳回申请决定的意见时，国家知识产权局复审和无效审理部需要对该复审请求进行审查。国家知识产权局复审和无效审理部的审查采取合议的方式。国家知识产权局复审和无效审理部进行复审后，认为复审请求不符合《专利法》和《专利法实施细则》的有关规定的，为了保护复审请求人的权利，应当通知复审请求人，要求其在指定期限内陈述意见。复审请求人期满未答复的，视为其撤回该复审请求。在复审程序中，合议组一般仅针对驳回决定所依据的理由和证据进行审查。此外，合议组发现审查文献中存在下列缺陷的，可以对与之相关的理由及证据进行审查，经过审查后可以依据该理由及证据作出维持驳回申请的决定：一是在驳回决定所出前已告知过申请人的其他事实及其证据予以驳回的缺陷；二是驳回决定未指出的明显实质性缺陷或者与驳回决定所指出的缺陷性质相同的缺陷。

在专利复审阶段，有以下情形之一的，复审程序终止：（1）复审请求因期满未答复而被视为撤回；（2）在国家知识产权局作出复审决定前，请求人撤回其复审请求；（3）已受理的复审请求因不符合受理条件而被驳回请求；（4）复审决定作出后请求人不服该复审决定，在规定的期限内未起诉或者人民法院的生效判决维持该复审决定。

3. 专利复审的优先审查

有下列情形之一的专利复审案件，可以请求优先审查：（1）涉及节能环保、新一代信息技术、生物、高端装备制造、新能源、新材料、新能源汽车、智能制造等国家重点发展产业；（2）涉及各省级和设区的市级人民政府重点鼓励的产业；（3）涉及互联网、大数据、云计算等领域且技术或者产品更新速度快；（4）复审请求人已经做好实施准备或者已经开始实施，或者有证据证明他人正在实施其发明创造；（5）就相同主题首次在中国提出专利申请又向其他国家或者地区提出申请的该中国首次申请；（6）其他对国家利益或者公共利益具有重大意义需要优先审查。

对专利复审案件提出优先审查请求，应当经全体复审请求人同意；请求优先审查的专利复审案件应当采用电子申请方式。当事人提出专利复审案件优先审查请求的，应当提交优先审查请求书和相关证明文件；除在实质审查或者初步审查程序中已经进行优先审查的专利复审案件外，优先审查请求书应当由国务院相关部门或者省级知识产权局签署推荐意见。

4. 复审决定

经过复审程序，国家知识产权局应当对该复审请求作出复审决定。复审决定主要包括以下几种：第一，复审请求成立，撤销驳回决定。国家知识产权局复审和无效审理部直接依照原审查机关同意撤销原驳回申请的意见，作出撤销原驳回决定的复审决定。复审决定只能由国家知识产权局复审和无效审理部以其自己的名义作出，而不得以原审查机关的名义作出。第二，复审请求不成立，维持驳回决定。国家知识产权局复审和无效审理部经过合议审查后，认为复审请求不符合法律的规定，经复审请求人陈述意见或者进行修改后，仍不符合《专利法》及《专利法实施细则》有关规定的，应当作出维持原驳回决定的复审决定。第三，专利申请文件经复审请求人修改，克服了驳回决定所指出的缺陷，在修改文本的基础上撤销驳回决定。专利申请人提出专利申请复审请求，经原审查机关的前置审查，作出坚持驳回决定的意见。国家知识产权局复审和无效审理部进行合议审查后，认为原驳回决定不符合《专利法》或《专利法实施细则》有关规定的，或者认为经过修改的专利申请文件消除了原驳回决定指出的缺陷的，应当撤销原驳回决定。国家知识产权局复审和无效审理部作出撤销原驳回决定的，该专利申请由原审查部门继续进行专利审查程序。

复审请求人对于复审决定不服的，可在接到复审决定通知之日起3个月内以国家知识产权局复审和无效审理部为被告，提起行政诉讼。

二、专利无效宣告

专利申请自公告授权之日起，任何单位或个人认为该专利权的授予不符合《专利法》有关规定的，可以请求国家知识产权局宣告该专利权无效。请求宣告专利权无效或者部分无效的，应当按规定缴纳无效宣告请求费，提交无效宣告请求书和必要的证据一式两份，无效宣告请求应当结合提交的所有证据，具体说明无效宣告请求的理由，并指明每项理由所依据的证据。请求人未具体说明无效宣告理由，或者提交证据但未结合提交的所有证据具体说明无效宣告理由，或者未指明每项理由所依据证据的，其无效宣告请求不予受理。任何一方当事人对专利的无效宣告请求审查决定不服的，可以自收到通知之日起3个月内向人民法院起诉。宣告专利权无效的审查决定发生法律效力以后，由专利局予以登记和公告。宣告无效的专利权视为自始即不存在。

（一）申请专利无效宣告的理由

专利权被授予以后，并不是绝对稳定的。专利审查工作主要由人工进行审查，在专利审查过程中可能会有疏漏，使不满足专利条件的申请获得授权，尤其是我国对于实用新型、外观设计只进行形式审查就更容易出现这种现象。为了及时更正这种错误，就需要社会监督的介入，从而产生了专利权的无效宣告制度。

专利权的无效宣告制度，虽是为了引入社会监督，纠正错误授权，但为了保护合法的专利权人以及防止他人恶意申请无效宣告，申请专利权的无效宣告需要具有法定理由。自国务院专利行政部门公告授予专利权之日起，任何单位或者个人认为专利权的授予不符合《专利法实施细则》第65条第2款中有关被授予专利的发明创造不符合《专利法》第2条、第20条第1款、第22条、第23条、第26条第3款和第4款、第27条第2款、第33条或者《专利法实施细则》第20条第2款、第43条第1款的规定，或者属于《专利法》第5条、第25条的规定，或者依照《专利法》第9条规定不能取得专利权等情形的，可以请求国家知识产权局宣告该专利权无效。对以上规定进行整理，我国专利无效理由主要包括以下几个方面：（1）不属于《专利法》所规定的发明创造；（2）违反法律、社会公德或者妨害公共利益的发明创造，或者违反法律、行政法规的规定获取或者利用遗传资源，并依赖该遗传资源完成的发明创造；（3）违反了先申请原则的；（4）违反法律规定，向境外申请专利的；（5）不符合专利新颖性、创造性、实用性标准的；（6）说明书未能够对发明或者实用新型作出清楚、完整的说明，未达到使所属技术领域的技术人员能够实现的标准，权利要求书未能以说明书为依据，清楚、简要地限定要求专利保护的范围；（7）对发明和实用新型专利申请文件的修改超出原说明书和权利要求书记载的范围，对外观设计专利申请文件的修改超出原图片或者照片表示的范围；（8）不符合单一性原则的。

（二）专利无效宣告的审查程序

1. 形式审查

国家知识产权局复审和无效审理部收到专利权无效宣告的申请后，首先要进行初步审查以决定是否受理。初步审查主要是看请求的文件是否符合法定的格式、理由是否符合法律规定以及是否违反了一事不再审原则。无效宣告请求经形式审查符合专利法及其实施细则和审查指南有关规定的，国家知识产权局向请求人和专利权人发出受理通知书。无效宣告请求经形式审查不符合专利法及其实施细则和审查指南有关规定需要补正的，国家知识产权局向请求人发出补正通知书。请求人应当在收到补正通知书之日起的指定期限内补正。

无效宣告请求具有以下情形之一的，国家知识产权局向请求人发出视为未提出通知书：（1）请求人未在国家知识产权局发出的补正通知书指定期限内补正；（2）请求人在指定期限内补正但经两次补正后仍存在同样缺陷；（3）请求人在提出无效宣告请求之日起 1 个月内未缴纳或者未缴足无效宣告请求费。

无效宣告请求具有以下情形之一的，国家知识产权局向请求人发出不予受理通知书：（1）多个请求人共同提出一件无效宣告请求（请求人与专利权人相同的除外）；（2）无效宣告请求所针对的专利尚未授权；（3）无效宣告请求所针对的专利被自始放弃，或处于权利无效状态；（4）请求人不具备民事诉讼主体资格；（5）在中国没有经常居所或者营业所的外国人、外国企业或者外国其他组织作为请求人未按规定委托专利代理机构；（6）专利权人针对其专利权提出无效宣告请求且请求宣告专利权全部无效、所提交的证据不是公开出版物或者无效宣告请求人不是共有专利权的所有专利权人；（7）无效宣告请求的理由不属于《专利法实施细则》第 65 条第 2 款规定的理由；（8）无效宣告请求作出审查决定之后，请求人针对同一专利又以同样的理由和证据请求无效宣告；（9）请求人未具体说明无效宣告理由，或者虽提交证据了，但未结合提交的所有证据具体说明无效宣告理由，或者未指明每项理由所依据的证据；（10）以授予专利权的外观设计与他人在申请日以前已经取得的合法权利相冲突为理由请求宣告外观设计专利权无效，但请求人不能证明其是在先权利人或者利害关系人，或者未提交证明权利冲突的证据。

2. 实质审查

国家知识产权局根据当事人的请求或者案情需要，可以决定对无效宣告请求进行口头审理。国家知识产权局决定对无效宣告请求进行口头审理的，应当向当事人发出口头审理通知书，告知举行口头审理的日期和地点。当事人应当在通知书指定的期限内作出答复。无效宣告请求人对国家知识产权局发出的口头审理通知书在指定的期限内未作答复，并且不参加口头审理的，其无效宣告请求视为撤回；专利权人不参加口头审理的，可以缺席审理。

在专利无效审查过程中，有以下情形之一的，无效宣告程序终止：（1）作出审查决定之前，请求人撤回其无效宣告请求的，无效宣告程序终止，但在国家知识产权局认为根据已进行的审查工作能够作出宣告专利权无效或者部分无效的决定的除外；（2）请求人未在指定的期限内答复口头审理通知书，并且不参加口头审理，其无效宣告请求被视为撤回的，无效宣告程序终止；（3）已受理的无效宣告请求因不符合受理条件而被驳回请求；（4）在国家知识产权局对无效宣告请求作出审查决定之后，当事人未在收到该审查决定之日起3个月内向人民法院起诉，或者人民法院生效判决维持该审查决定的，无效宣告程序终止；（5）在国家知识产权局作出宣告专利权全部无效的审查决定后，当事人未在收到该审查决定之日起3个月内向人民法院起诉，或者人民法院生效判决维持该审查决定的，针对该专利权的所有其他无效宣告程序终止。

3. 无效宣告程序的优先审查

有下列情形之一的无效宣告案件，可以请求优先审查：（1）针对无效宣告案件涉及的专利发生侵权纠纷，当事人已请求地方知识产权局处理、向人民法院起诉或者请求仲裁调解组织仲裁调解；（2）无效宣告案件涉及的专利对国家利益或者公共利益具有重大意义。对无效宣告案件提出优先审查请求，应当经无效宣告请求人或者全体专利权人同意。

处理、审理涉案专利侵权纠纷的地方知识产权局、人民法院或者仲裁调解组织可以对无效宣告案件提出优先审查请求。当事人提出无效宣告案件优先审查请求的，应当提交优先审查请求书和相关证明文件；优先审查请求书应当由国务院相关部门或者省级知识产权局签署推荐意见。地方知识产权局、人民法院、仲裁调解组织提出无效宣告案件优先审查请求的，应当提交优先审查请求书并说明理由。

4. 审查决定

无效宣告请求审查结束要作出审查决定，无效宣告请求审查决定结论分为下列三种：（1）维持专利权有效；（2）维持专利权部分有效；（3）宣告专利权全部无效。

当事人对国家知识产权局的无效宣告审查决定不服的，可以自收到通知之日起 3 个月内向北京知识产权法院起诉。当事人对国家知识产权局作出的有关程序性决定不服的，可以依法申请行政复议。

三、专利权的终止

专利权的终止，是指由于某种法律事实的发生而导致专利权消灭的情形。鉴于专利权是一种无形财产权，与普通财产权不同，不存在因客体消失而权利自然终止的问题。然而，专利技术自身具有随着时间推移和技术水平提高而逐渐失去其财产价值的特性，并且，专利权长期被独占，不利于整个社会科学技术的进步和产业的发展。因此，各国专利法均规定了专利权的期限。

专利权的终止与专利权的无效宣告制度虽然都是原本被授予的专利权消灭，但有很大的不同：第一，前提不同。专利权的终止针对的是满足《专利法》要求的合法有效的专利，专利权的无效宣告针对的是不满足《专利法》的要求却被错误授予的情形。第二，原因不同。专利权的消灭主要是由于期限届满、专利权人弃权等原因，而专利权的无效宣告主要是因为原专利不符合法律的规定要件。第三，后果不同。专利权的消灭没有溯及力，专利权的无效宣告却使专利权自始无效，具有溯及力。第四，程序不同。

（一）期限届满自然终止

知识产权与有形财产权的主要区别之一就是其具有时间性，一旦超过法律规定的有效期限，这一权利就消灭。知识财富应当是社会的共同财富，其除了为权利人带来利益外，也应当为整个社会的进步作出贡献。所以，为了提高智力劳动者的创造性、积极性，应给予其一定时间内的专有权利，同时为了促进社会的进步，在期限届满后该知识产品即会变成整个社会的公共财富，任何人都可以使用。

按照《专利法》的规定，发明专利权的期限为 20 年，实用新型的期限为 10 年，外观设计的期限为 15 年。需要注意的是，专利权的产生时间是从其授权公告之日起，而专利期限的起算点是其申请日而不是授权公告之日。

（二） 欠缴年费而终止

专利局发出缴费通知书，通知申请人缴纳年费及滞纳金后，申请人仍未缴纳或缴足年费及滞纳金的，专利权自上一年度届满终止。可见，专利权人自被授予专利权之后，若要使其专利权持续存在，就需要依照法律规定按时足额地缴纳专利年费。

专利申请被授予专利权后，专利权人应于上一年度期满前缴纳下一年度的年费。期满未缴纳或未缴足的，专利权人可以自应当缴纳年费期满之日起6个月内补缴，同时按超过的时间缴纳滞纳金。补缴期满年费和滞纳金未缴纳的或者缴纳数额不足的，专利权自上一年度届满终止。

当事人因不可抗力的事由而耽误了限期，未能及时缴纳年费，造成权利丧失的，自障碍消除之日起2个月内，但是最迟自期限届满之日起2年内，可以向专利局说明理由并附具有关证明文件，请求恢复其权利并补缴相关费用。

（三） 专利权人主动请求放弃权利而终止

专利权作为一种私权，权利人可以按照自己的意志对其进行处分。维持专利的有效，虽然可以在一定期间能享有对该知识产品的专有使用权，排斥他人未经许可使用该专利，但同时其每年要缴纳专利年费。所以，当维持专利不能给权利人带来大的利益时，权利人会选择放弃专利权。当然，放弃专利权的理由还有很多，只要是权利人的真实意思表示都是允许的。

当专利权属于多个专利权人共有时，放弃专利权的声明应当经全体专利权人的同意。如果只有部分专利权人声明放弃专利权，则该专利权并不会产生终止的后果，只导致声明放弃权利的专利权人丧失其专利权，该专利权由未声明放弃权利的专利权人继续享有。

第四节　专利经营管理

专利经营管理是指企业充分利用专利制度，将专利作为资产，通过运营实现企业利益最大化的行为。专利在市场经济条件下不仅是一种智力成果，更是一种无形资产。如何利用专利这种商品实现企业利益最大化成为现代企业共同关注的问题。专利经营正是通过对专利的动态管理，实现专利战略，并保证、促进企业的健康、快速发展的各种方式与过程。专利经营有广义和狭义之分。广义的专利经营是指围绕专利所展开的各种活动，包括专利战略的制定与实施、专利申请与布局、专利信息利用、专利技术开发、专利实施、专利许可转让、专利预警和专利维权等。狭义的专利经营是指将专利作为资产，通过运营实现其商业价值的各种行为，包括专利输出和专利引进，从而获得经济利益。

通常来讲，企业的专利经营渗透企业研发、生产、销售等各个环节，并在企业各个发展阶段具有不同的价值实现形式，为实现企业利益的最大化提供了保障。企业开展专利经营需要首先进行大量的专利文献检索，深入分析得出研发的方向并获得专利保护，大力实施专利许可。在获得大量专利许可收入的情况下，对专利资产的价值评估，降低专利管理成本，提高专利资本的可利用性和市场配置方式，实现专利资产利益的最大化。

延伸阅读：陶氏化学公司的专利经营

1994 年，为了减少公司的运行成本，陶氏化学公司对其专利资产进行了一年的审核，通过这次审核工作，陶氏企业在专利经营管理上奠定了以后专利经验成功的基础，同时这也成为专利管理领域的传奇。陶氏化学对公司拥有的 2.9 万项专利进行了逐一价值评估，并将其分配给 15 个主要业务单元进行管理。此后，由专利使用而产生的经营活动一律由各业务单元负责。各部门的"知识资产经理"定期开会审议整个公司的专利工作，为各项或各类专利寻找授权使用、商业化或合资的机会。通过这次审

核，陶氏化学公司剔除了公司不需要的专利，并将其无偿捐赠给大学和非营利性机构，此举使公司在税费和专利维护费上直接节省了很大一笔开销。得益于此次审核，陶氏化学公司的专利许可费收入也从 2500 万美元提高到 125 亿美元以上。据该公司知识资产管理小组前任负责人戈登·彼得拉什所述，如果考虑到公司技术资产与业务目标更有效地结合后带来诸多商业利益，此次审核为公司创收大概能以"数十亿美元计"。❶

一、专利许可

（一）专利许可的概念

专利许可是指专利权人依据《专利法》和其他有关技术贸易的法律，采用与被许可方签订专利授权许可合同的形式，授权被许可人在一定的条件下和范围内制造、使用、销售其专利产品或使用其专利方法的一种交易。我国《专利法》规定，任何单位或者个人实施他人专利的，应当与专利权人签订实施许可合同，向专利权人支付专用使用费。被许可人无权允许合同规定以外的任何单位或者个人实施该专利。目前，通过专利许可战略获得成功的企业不少，如松下公司将 VHS 技术通过专利许可的方式予以推广，使 VHS 格式被广泛接受，由此赢得了比索尼的 BetaMax 格式更高的市场份额；飞利浦的 DVD 核心技术专利也是通过许可的方式使自己获得不错的经济效益的。

（二）专利许可的类型

专利许可类型的分类按照被许可方权限的大小可以分为独占许可、排他许可、普通许可、分许可。除此之外，还存在交叉许可等方式，同时在一定条件下，政府部门还可以根据情况进行强制许可。在现实中，由于交易的多样性和谈判能力的不同，在同一个交易中并非一定只存在一种专利许可方式。比如一个独占许可中可能还存在分许可和交叉许可的内容。下

---

❶ 权鲜枝. 专利实务指南［M］. 上海：上海交通大学出版社，2012：82-83.

面介绍几种主要的专利许可类型。

1. 独占许可

独占许可是指许可方授予被许可方在许可合同规定的期限、地域范围内允许对被许可的专利技术享有独占性使用权，许可方不再将该技术许可给第三人，自己也不能在上述期限、地域内使用该项专利技术。独占许可在一定地域和期限内，被许可人完全享有该发明创造专利的使用权，取得该项专利利益的独占权。如果独占许可合同的期限与专利的有效期相等，从实质上讲，它与专利权转让合同是类似的。专利权人不但不能将该发明创造的专利使用权转移给第三人，即使专利权本人也不能使用该专利。独占许可的技术通常是在某一工业领域内具有领先性、独有的，并且他人没有办法在短期内开发出来的技术。此时，许可人因为授予被许可人其他人没有的技术优势，当然要求被许可人支付比其他许可方式高出很多的使用费用。所以，对于被许可人来说，独占许可可能是最昂贵的专利权许可方式。

2. 排他许可

排他许可是指许可方授予被许可方在一定的期限和地域范围内使用其专利技术，并且保证在合同规定的期限和范围内不会再许可第三方使用该项专利技术，但是保留自己的使用权。被许可人可以在合同规定的条件和范围内享有该项发明创造专利的使用权，并取得利益的独占权。专利权人仍自己保留利用该专利的权利，实际上，此种许可排除了除被许可人和专利权人以外的任何人，都不能在合同规定的范围内使用该专利。

3. 普通许可

普通许可是指被许可方在一定的期限、地域范围内取得许可方某项专利技术的使用权，但许可方保留自己的使用权，并且保留再许可第三方使用该专利技术的权利。普通许可被许可人可以根据合同规定的条件和范围使用被许可的专利技术。专利权人仍有自己使用该发明、实用新型或外观设计专利的权利，并且有权将此发明创造专利再次许可他人使用。专利权人可以在同一地域内，将某项专利的使用权同时转移给多个受让人使用。普通许可的技术大多都是产品性能突出、市场需求量大、投入资金少、技术难度低的成熟技术。

4. 从属许可

从属许可是指原专利许可合同的被许可方经许可方的同意，在一定条件下将同样的许可内容再转授予第三方实施的许可合同。我国《专利法》第 12 条规定："任何单位或者个人实施他人专利的，应当与专利权人订立实施许可合同，向专利权人支付专利使用费。被许可人无权允许合同规定以外的任何单位或者个人实施该专利。"由此可见，被许可人想要获得再许可权，需要当事人明确约定并且记载在合同中。

5. 交叉许可

交叉许可是指两个或者两个以上的专利权人在一定条件下相互将其所拥有的专利技术许可对方使用的一种许可方式。交叉许可的形式主要有：被许可方通过日后改进专利向许可方授予非独占的专利许可权；被许可方将现在持有的专利或者约定将日后可能获得专利授权的专利申请，在该申请获得授权后授予许可方非独占性的专利许可。例如，美国苹果和韩国三星的手机专利交叉许可，不仅减少了双方的技术购买和开发的成本，也加快了产品的创新进程，大大增强了两大企业的市场竞争力。❶

延伸阅读：威盛和英特尔的交叉许可

我国台湾地区的威盛公司是英特尔的兼容芯片组生产商。然而，1999年 6 月，英特尔公司撤销了发给威盛的专利许可证，并控告其侵权。这对一个依靠生产兼容芯片的公司来说是晴天霹雳。但威盛公司不畏强敌，收购了一家拥有英特尔许可证的公司。根据美国的法律，克莱克斯可以委托威盛制造相关产品。面对这样的结局，英特尔也只好默认。但是在 2001年，英特尔又发动了一起专利攻势。这次诉讼中，受牵连到的有 5 个国家的 27 项专利侵权。威盛并没有退缩，而是拿出早就准备好的应对措施——在 1999 年并购的 IDT 旗下 Centaur 分支部门时所取得的专利组合。

---

❶ 冯晓青．企业知识产权战略［M］．北京：知识产权出版社，2008：114.

因此，威盛提出了反诉，称英特尔公司侵犯了它的专利权。经过一场"拉锯"战，英特尔只能妥协，于 2003 年与威盛达成了长达 10 年的交叉许可协议。❶

6. 强制许可

专利强制许可是指在法定的特殊条件下，未经权利人的同意，他人可在履行完毕法定手续后取得实施专利的许可，但专利权人仍有获得许可费的权利。有下列情形之一的，国务院专利行政部门根据具备实施条件的单位或者个人的申请，可以给予实施发明专利或者实用新型专利的强制许可：专利权人自专利权被授予之日起满 3 年，且自提出专利申请之日起满 4 年，无正当理由未实施或者未充分实施其专利的；专利权人行使专利权的行为被依法认定为垄断行为，为消除或者减少该行为对竞争产生的不利影响的。在国家出现紧急状态或者非常情况时，或者为了公共利益的目的，国务院专利行政部门可以给予实施发明专利或者实用新型专利的强制许可。为了公共健康目的，对取得专利权的药品，国务院专利行政部门可以给予制造并将其出口到符合中华人民共和国参加的有关国际条约规定的国家或者地区的强制许可。一项取得专利权的发明或者实用新型比前已经取得专利权的发明或者实用新型具有显著经济意义的重大技术进步，其实施又有赖于前一发明或者实用新型的实施的，国务院专利行政部门根据后一专利权人的申请，可以给予实施前一发明或者实用新型的强制许可。在给予实施强制许可的情形下，国务院专利行政部门根据前一专利权人的申请，也可以给予实施后一发明或者实用新型的强制许可。强制许可涉及的发明创造为半导体技术的，其实施限于公共利益的目的和消除或者减少该行为对竞争产生的不利影响。国务院专利行政部门作出的给予实施强制许可的决定，应当及时通知专利权人，并予以登记和公告。给予实施强制许可的决定，应当根据强制许可的理由规定实施的范围和时间。强制许可的理由消除并

---

❶ 权鲜枝 . 专利实务指南［M］. 上海：上海交通大学出版社，2012：85.

不再发生时，国务院专利行政部门应当根据专利权人的请求，经审查后作出终止实施强制许可的决定。取得实施强制许可的单位或者个人不享有独占的实施权，并且无权允许他人实施。

（三）专利许可实务中应当注意的问题

1. 注意许可专利的权利状况

专利许可对象具体是哪项专利，是产品专利还是方法专利，是基本专利还是改良专利，是否需要自行实施。专利的有效性如何，专利权的保护强度如何，已经登记完成还是在审查中，抑或还没有审查，尚存的权利期限有多长，是否有替代技术，技术的完成度，实现的可能性等。在专利许可中一定要注意上述问题，专利的权利状况影响到专利许可的履行。❶

2. 注意许可专利相关的法律约束

依据《专利法》《专利法实施细则》《民法典》《反不正当竞争法》等的规定，专利经营过程中会受到一些权利限制，在一定情况下也会影响专利许可的实施。尤其需要关注的包括：共有专利的许可问题；消费税、企业所得税等如何缴纳的问题；是否有强制许可情形；是否符合滥用专利权的限制等。

3. 注意专利许可技术与市场的关系

需要关注专利技术的消费对象如何，运用专利技术生产产品的市场广度及扩大的可能性如何，市场中同类型竞争产品发展情况及本产品的发展空间如何，被许可人的专利利用率与市场占有率如何等问题。

4. 专利许可合同的备案

专利许可备案也称专利实施许可合同备案，是指专利行政管理部门或者受其委托的部门对当事人已经缔结并生效的专利实施许可合同加以留存，并对外公示的行为。专利权人与他人订立的专利实施许可合同，应当自合同生效之日起3个月内向专利行政部门备案。经过备案的专利合同的许可性质、范围、时间、许可使用费的数额等，可以作为人民法院、管理专利

---

❶ 权鲜枝. 专利实务指南［M］. 上海：上海交通大学出版社，2012：86.

工作的部门进行侵权纠纷调解或确定侵权数额时的参照。同时，专利许可合同备案工作是国家知识产权局为了切实保护专利权，规范交易行为，促进专利实施的一种行政手段。所以，在签订专利许可合同时应该注意是否进行专利许可合同的备案。

二、专利转让

（一）专利转让的概念

专利转让是技术转让的形式之一，按照转让的程度可以分为专利权的转让和专利申请权的转让；按照专利类型的不同可以分为发明专利转让、实用新型转让和外观设计转让；按照转让的国家地域不同可以分为国际专利转让和国内专利转让。专利转让可以让转让方获得可观的专利转让费，同时省去大量的专利维持费用。而受让方可以通过转让获取关键技术，减少研发费用和时间。

专利转让与专利许可的区别主要有以下几个方面：一是获取权利的方式不同。专利转让是权利人将其专利权转让给受让人的行为，一般是通过购买专利来实现专利权属的变更；而专利许可是专利权人允许被许可方在一定区域内、一定期限内以一定方式使用专利的行为，通常是以签订专利许可合同的方式来实现的。二是专利权是否发生转移有所区别。专利转让后，专利权归属发生变化，购买方即受让人成为该专利新的所有者，有权行使专利权的所有权利，而原专利权人即转让方就不再对该专利拥有任何权利。而专利许可不发生专利权归属的变化；专利权人许可对方利用的权能，可以是该种专利权的部分权能也可以是全部权能；专利权人许可对方利用的时间期限一般短于专利权受保护的期限；专利权人许可对方对该种专利权的利用往往仅局限于一定地域范围之内。且专利许可又可分为独占许可、排他许可、普通许可、从属许可、交叉许可和强制许可 6 种形式。三是生效的条件不同。专利权转让通常需要双方当事人订立书面合同，并向管理专利的相关部门登记权利转让事项后生效。而在专利许可的实践中，许可方和被许可方则一般会订立书面合同，以合同中的相关约定为权利生效的主要参考。

（二）专利转让的流程

（1）寻找专利转让的途径。这是专利转让流程中最基本的一个环节，也非常容易实现。宣召专利转让的方法其实有很多，例如可以在专利网站上进行转让，也可以委托专利中介机构，甚至还可以自己寻找相关的企业等方式。

（2）专利转让人和专利受让人签署专利权转让合同。这是专利转让流程关键的一步。只有专利转让人和受让人双方取得一致的意见之后才能有效地开展之后的转让相关工作。在转让合同中，对于双方的利益都应该有明确的文字内容。

（3）双方准备好专利转让需要的相关文件，这些文件应该严格地按照规定的形式进行填写，这样就可以缩短国家知识产权局审核文件的时间，加快审核的速度。

（4）委托专利代理机构将相关的文件递交给专利局。这是专利转让流程中重要的一个部分。因为只有专利局审核通过后才能让专利转让具有法律依据。所以在这个过程中，委托的专利代理机构会在其中发挥重要的作用，选择适当的专利代理机构也是这个过程中不容忽视的一个细节。

（5）等待专利转让结果。专利局审查后，会对审查结果做出通知。如果审核通过的话，专利局一般会在2~6个月内发给专利转让合格通知书，并且可以在国家知识产权局专利库中查询到相关的变更结果。

（三）专利转让实务中应当注意的问题

从转让方来看，如果转让的专利是业内一项重要的核心专利，则可能会使企业丧失核心竞争力。从受让方来看，如果接收的专利并没有太大的使用价值或是应用价值较小，预期收益低于专利转让费用，则可能会使企业利益受损。鉴于此，是否要转让专利，转让哪些专利，以及如何转让专利，都是企业在专利经营中需要考虑的重要问题。具体来说，主要应当关注以下几个方面：（1）专利转让要以企业的整体知识产权战略为指导；（2）专利转让之前需要对待转让的专利进行价值评估和市场分析，确定该专利对企业甚至整个行业发展的影响；（3）重视专利转让合同的审核，避免陷入对方的陷阱；（4）转让专利时需要与相关的技术专家、专利代理人、律师、财务人员和市场人员共同合作，以保证专利转让的顺利进行。❶

三、专利评估

（一）专利评估的概念

专利评估是指根据特定目的，遵循公允、法定标准和规程，运用适当方法，对专利权进行确认、计价和报告，为资产业务提供价值尺度的行为，是对专利进行价值判断。专利作为一种无形资产，无法直接表现和计算其价值，只有经过科学的估算和预测才能知晓其内涵的真正价值。专利评估就是使专利权人或其他利益相关方了解专利的价值，从而以此为基础进行专利经营。不论是专利权人或者专利申请人在转让专利权或专利申请权时，还是企业在购买专利、签订专利许可合同时，还是企业在进行诉讼赔偿或者受偿时，还是企业在向银行进行财产质押贷款或者向其他企业进行质押担保时，抑或企业在进行并购、联营、拍卖、破产、验资、股票上市、财产保险、技术入股等活动时，都需要对其价值进行评估，以确定其价值。这里所称的专利价值是指专利文本本身所决定的市场价值，不一定等于发明的价值。它是能够给专利权人带来的利益，不是发明对社会的贡献，个别对专利权人有巨大利益的专利可能对社会总体带来的是负担。它是专利的实际市场价值，不是专利申请文件可能产生的经济价值。并且，它是某一具体的专利权的市场价值，不是许多专利组合在一起形成的市场竞争力。还需要注意的是，专利的价值并不一定与专利的保护范围成正比，保护范围小的处于市场竞争核心的专利比保护范围大但处于非市场竞争状态的专利要有价值得多。

（二）专利评估的参考因素

专利评估是一个复杂而又重要的工作，专利评估质量和结果在很大程

---

❶ 权鲜枝. 专利实务指南 ［M］. 上海：上海交通大学出版社，2012：88.

度上能决定专利在交易中的价值，对专利经营产生重大影响。所以在对一个专利进行价值评估时需要从多方面来考虑，以确保它的客观性和可靠性。以下为专利评估时较为常见的参考因素。❶

（1）专利的有效性。一个专利是否有效是决定一个专利价值最根本的决定因素。一个专利是否已经过了专利时效期或者有没有被无效或者撤销，或者是否存在被撤销的风险，这些都会影响到一个专利的价值。

（2）专利所处的状态，即技术在专利申请中所处的状态。这时需要判断该专利是处于初审阶段还是实质审阶段或者是获得专利证书阶段，所处的阶段越靠后稳定性越高，价值也就越大。专利的类型不同，保护程度也不一样，发明专利由于通过实质性审查，因此剽窃他人专利或者在获得专利证书后被宣告撤销的可能性较小。相对于其他两类专利而言，其技术含量较高，申请的周期较长，权利人承担的风险也较大，因此价值相对较高。

（3）专利的使用年限和剩余年限。一般要采取专利技术的经济寿命与法定使用年限孰短的办法来确定剩余使用年限，一般来说，专利的使用年限越长的专利价值越大。但是也要注意专利的剩余年限，如果马上就要到期的专利价值会减弱。

（4）专利的技术成熟程度。专利技术设计是否有漏洞？是仅限于实验阶段还是已进入生产？推广应用程度如何？先进性和实用性如何，代替技术出现的可能性如何？

（5）专利技术的开发和维护费用。对开发和实施该专利技术所投入的技术、人员、资金、设备等成本。

（6）权利要求的完整性。即专利申请权利要求书所提出的需要保护的专利的范围，也体现了权利要求书的质量问题，有的权利要求完整，较好地保护专利权人的权利。比如，专利权的保护范围有多大？专利文件的撰写情况如何？有的权利要求不完整，仅仅保护专利权人的一部分权利。

---

❶ 权鲜枝．专利实务指南［M］．上海：上海交通大学出版社，2012：89.

（7）专利权属的完整性。即该专利人或委托人所拥有的专利权权属的完备程度。权属越完整，则其体现的价值就越大。是否存在诉讼的可能和是否收到限制性许可协议的拖累？专利权人是否实施过专利许可、许可费用的情况如何？该专利是原创专利还是改进专利，核心专利还是从属专利？

（三）专利评估的方法

同其他无形资产一样，专利的价值要通过在市场上进行交易才能体现出来，专利评估的方法主要有收益现值法、现行市价法和重置成本法。

1. 收益现值法

收益现值法又称收益还原法、收益本金化法或经济法，是以资产的未来收益作为评估标准，通过预测资产在有效期内可获得的收益，选择使用的折现率进行折现求和，以确定被评估资产价格的方法。运用收益现值法进行专利资产评估时，应当收集专利产品的相关收入、成本、费用数据。对委托方或者相关当事方提供的专利未来实施情况和收益状况的预测进行必要的分析、判断和调整，确信相关预测的合理性。根据专利资产的具体情况选择恰当的收益口径。根据专利资产的技术寿命、技术成熟度、专利法定寿命、专利技术产品寿命及与专利资产相关的合同约定期限，合理确定专利资产收益期限。综合考虑评估基准日的利率、投资回报率、资本成本，以及专利实施过程中的技术、经营、市场、资金等因素，合理确定折现率。由于专利价值主要通过经营来实现，其价值评估与未来收益相联系。所以，收益现值法是评估专利权最常用的方法。❶

2. 现行市价法

现行市价法即市场比较法，是以市场现行的价格作为价格标准，在现行市场中找一个与评估标的相同或者相类似的已交易的资产作为参照物，对比参照物的交易价，调整参照物的交易价，并按照公式计算出被评估资产的价格的方法。运用市场法进行专利资产评估时，应当收集足够的可比

---

❶ 亚历山大·波尔托拉克，保罗·勒纳. 知识产权精要［M］. 于东智，译. 北京：中国人民大学出版社，2004：64.

交易案例。在分析交易案例的可比性时，应当考虑交易资产的特点、交易时间、限制条件、交易双方的关系、购买方现有条件，专利资产的获利能力、竞争能力、技术水平、成熟程度、剩余法定保护年限及剩余经济寿命、风险程度、转让或者使用情况，实施专利资产是否涉及其他专利资产等因素。市场比较法是有形资产评估的首选，但专利技术是一个具有新颖性和先进性的技术，所以在现实中很难找到一个与专利技术相似的交易技术作为比对参照物。一般来说，只有在市场上能够找到与待评估专利类似或具有关联性的技术交易资产（例如使用在同一产品上的不同技术）时，才使用现行市价法。

3. 重置成本法

重置成本法是用现时条件下重新购置或建造一个全新状态的被评资产所需的全部成本，减去该资产已经发生的实体性陈旧贬值、功能性陈旧贬值和经济性陈旧贬值，得到的差额作为被评估资产的评估值的一种资产评估方法。运用成本法进行专利资产评估时，应当合理确定专利资产的重置成本。重置成本包括合理的成本、利润和相关税费等。确定专利资产重置成本时，应当合理确定形成专利资产所需的研发人员、管理人员、设备及房屋建筑物等成本以及其他相关成本费用。

（四）专利评估的流程

专利评估主要包括专利权人聘请评估机构，并与评估机构进行前期沟通；确定专利权评估的目的及范围，并且根据国家收费标准进行协商收费；评估机构委派小组到专利研发现场考察情况，并收集专利评估所需要的材料；收集完专利评估资料后返回，撰写报告；出具评估报告草稿与专利权人沟通；出具报告正式版本，收取剩余评估费用等步骤。具体来说，需要关注以下内容。❶

1. 寻找正规、合法评估机构

就本次评估事宜与评估机构及利益相关方进行洽谈、交流，了解相关

---

❶ 朱雪忠. 知识产权管理［M］. 2版. 北京：高等教育出版社，2016：172.

事项。受托方应委派资产评估师调查了解被评估单位基本情况、资产营运情况，初步评价资产评估风险，并与委托方就约定事项进行协商，确定能否接受其委托的资产评估业务。双方确定评估目的、评估对象和范围，选定评估基准日，并拟订评估方案。

2. 签订资产评估委托协议书

资产评估委托协议书是指受托方与委托方共同签订的，据以确定资产评估业务的委托与受托关系，明确资产评估工作双方的责任与义务等事项的书面和约。资产评估委托协议书具有法定约束力。委托方与受托方就约定事项达成一致意见后，经双方法定代表签字并加盖单位公章，资产评估委托协议书方可生效。资产评估委托协议书签订后，任何一方对资产评估委托协议书提出补充修改，应以书面形式获得对方确认。

3. 提交评估所需数据与资料

一般来说，委托方需向专利评估服务机构提供如下资料。

（1）企业基础资料：工商企业法人营业执照、税务登记证、组织机构代码证、生产许可证等；企业基本情况简介、公司章程、法定代表人简介、组织结构图；企业营销网络分布情况；新闻媒体、消费者对产品质量、服务的相关报道及评价等信息。

（2）专利技术资料：专利研制人简介；专利证书、专利权利要求书、专利说明书及其附图；最后一次的专利缴费凭证；专利技术的研发过程、技术实验报告，专利技术所属技术领域的发展状况、技术水平、技术成熟度、同类技术竞争状况、技术更新速度等有关信息、资料；专利资产目前实施状况及实施经营条件；专利技术检测报告，科学技术成果鉴定证书，专利技术检索资料，行业知名专家对技术的评审等；专利产品的适用范围、市场需求、市场前景及市场寿命、相关行业政策发展状况、同类产品的竞争状况、专利产品的获利能力等相关资料；专利产品项目建议书，合资合作意向书，可行性研究报告或技术改造方案；专利权相关受理、转让、许可、变更（合同）等法律文书及价款支付凭证；专利技术基本情况调查表。

（3）财务资料：企业近三年资产负债表、损益表或与专利产品相关财务收益统计；专利产品开发研制资金投入及费用统计；专利产品的型号、规格、销售单价及定价依据详细介绍；企业未来五年发展规划；企业对该专利产品未来 3~5 年的收益预测及说明。

（4）其他资料：专利产品获奖证书、高新技术企业认定证书；专利维持年费按期缴纳承诺书；委托方承诺书。

评估小组需要对企业提供的资料进行收集整理，并结合现场考察，填制与完善所需资料。

4. 专利价值估算

评估方需要与委托方开展沟通交流，核实委托方所提供的评估相关资料，这些将有助于确定评估方法、编写评估报告、确定评估价值，最终完成评估报告审核。具体步骤如下：（1）整理工作底稿和归集有关资料；（2）评估明细表的数字汇总；（3）评估初步数据的分析和讨论；（4）编写评估报告书；（5）资产评估报告书的签发与送交。

在完成资产评估初步数据的分析和讨论，并对有关数据进行清理和调整后，由评估方草拟出各部分资产的评估说明，并草拟出整体专利资产评估报告书。将评估基本情况和评估报告书初稿的初步结论与委托方交换意见，听取委托方的反馈意见后，在坚持独立、客观、公正的前提下，认真分析委托方提出的问题和建议，考虑是否应该修改评估报告书，对评估报告中存在的疏忽、遗漏和错误之处进行修正，待修改完毕即可撰写出资产评估正式报告书。

5. 出具专利评价报告

首先由评估小组出具报告草稿，经过与委托方就评估值交换意见修改完善后，出具正式报告，并将相关资料存档备案。资产评估报告书是建立评估档案、归集评估档案资料的重要信息来源。因此，评估机构撰写出资产评估正式报告书后，经审核无误，按以下程序进行签名盖章：先由负责该项目的注册评估师签章（两名或两名以上），再送复核人审核签章，最后送评估机构负责人审定签章并加盖机构公章。

四、专利投融资

（一）专利投融资的概念

专利投融资是指专利的资本化的过程，即企业的科技成果从资产形式转化成企业的资本形式，主要方式有专利投资与专利质押两种。专利投资是专利权人以合法有效的专利权，作为取得公司成立时或者公司增发新股时股份对价的投资方式，是无形资产投资的一种。专利质押是债权人以专利权作为监督债务人履行债务，保证债权人能实现权利的一种担保行为。专利不仅是市场竞争的利器，也是企业经过大量技术研发投入后形成的无形资产，理应成为一种投融资工具。专利权投融资业务操作的难点在于专利权价值的评估，作为出质物的专利权在质押期间可能出现一定的价值波动，如果不能对其进行合理准确的判断，投融资的风险性就会大大增加。强化知识产权投融资功能对推动我国创新经济发展具有积极意义。其不仅能有效扩大企业投融资途径，还有助于增强企业对知识产权开发、保护的重视程度，推动创新资源的良性循环，更好助力产业技术升级与发展进步。

（二）专利投资管理

专利投资，是指在企业改组、改造、合资、兼并、联合等情况下，专利权人以其发明创造的专利权作价进行的投资，合资或者吸收入股是两种最常见的专利投资方式。我国法律规定，股东可以用货币出资，也可以用实物、知识产权、土地使用权等非货币财产作价出资，法律另有规定的除外。对作为出资的非货币财产应当评估作价，核实财产，不得高估或者低估作价。法律、行政法规对评估作价有规定的，从其规定。由此可见，我国法律已经确定了知识产权是可以以投资的方式入股的，所以发明人可以专利技术入股，投资人投入开发生产资金，组成股份企业。分成的比例按照技术的含金量、成熟度、产品预计市场占有率、可能的风险等因素综合后取得一个公平比例。例如，扬子电冰箱厂与德国西门子–博世公司合资经营，成立"安徽博西扬制冷有限公司"，扬子电冰箱厂以其25项专利入股，经评估机构作价482万美元（折合人民币4014万元），并且得到了西门子-博世公司的认可。

与其他投资类型相比，专利投资具有以下特点：第一是投资形式多样，包括自行开发、外购、吸收所有者投资、以专利权向其他企业进行对外投资等。投资形式不同，决策时需要考虑的因素以及采用的程序与方法就不同。第二是投资数额大、投资期限长且投资成败难以预测。一项新技术的研究与开发不仅需要投入大量的人力、物力和资金，而且需要经过反复的实验与检测，这可能要花费较长的时间，但研究与开发是否能取得成功带有很大的不确定性。第三是专利权的超额收益和受益期限具有很大的不确定性。知识经济时代，科学技术的发展进步十分迅速，使专利权的时效具有很大的风险。某项专利虽然可以在一定期限内为企业带来超额收益，但是，一旦更为先进合理的技术出现，该项专利的超额收益就会减少甚至消失，使用期限也会相应地缩短或终结。

专利投资特点决定了该项投资具有极高的风险，一旦决策失误，将会给企业造成严重的损失。为了保证决策的正确性，专利投资必须遵循一套科学的决策分析程序，主要包括以下几个步骤：（1）提出投资项目的备选方案，如新技术的研究与开发方案、专利权的外购方案、以专利权进行对外投资的方案等。（2）对提出的备选方案进行可行性评价，包括技术可行性和财务可行性两个方面。技术可行性主要分析备选方案的技术成熟程度和先进程度，企业的技术水平能否为备选方案提供有效支持等。专利投资的技术含量非常高，其技术可行性的评价需要由高级专业技术人员进行。企业如果自身不具备评价专利投资的技术可行性的条件，应当聘请人才齐备、水平较高的专业咨询机构进行备选方案的技术可行性论证。财务可行性主要分析备选方案的资金需求、投资风险和盈利能力。企业应在确定备选方案的预期现金流量及其风险、有效使用年限和所要求的最低报酬率的基础上，计算有关的决策指标，如净现值、内含报酬率、回收期等，然后根据相应的决策规则对备选方案进行财务可行性评价。（3）选定并执行优选方案。对于同时具备技术可行性和财务可行性的备选方案，企业应当按其收益和风险水平的优劣进行排序，然后根据排序结果来决定项目的取舍。

企业一般应优先考虑收益较高同时风险又不是很大的项目。选定优选方案后，企业应及时足额筹集所需资金，并对投资项目的执行过程，如新技术的开发研制过程进行控制，以保证项目按计划如期保质完成。（4）对投资项目进行再评价。专利投资特别是企业自行开发新技术会面临很大的不确定性，在项目执行过程中，企业必须注意评价原投资决策是否合理。一旦出现新的情况，就应及时对原决策进行调整，甚至终止投资项目的执行。当投资活动结束后，企业应及时对决策结果进行分析评价，总结经验，为今后的决策积累有价值的参考信息。

在专利投资决策中，为了运用特定的投资决策方法来评价备选方案的优劣，决定备选方案的取舍，需要先确定与投资项目相关的要素。专利投资决策中需要考虑的因素与固定资产投资决策大致相同，但是由于专利投资所具有的高风险的特点，使专利投资决策要素的分析要比固定资产投资决策更加困难。专利投资决策中主要应考虑现金流量、资金成本和专利权受益年限等要素。❶

（三）专利质押管理

知识产权质押是指知识产权权利人以合法拥有的且目前仍有效的知识产权中的财产权为质押标的物出质，经评估作价后向银行等融资机构获取资金，并按期偿还资金本息的一种融资行为。根据我国法律规定，可以用注册商标专用权、专利权、著作权等知识产权中的财产权出质，出质时，当事人应当订立书面合同。质权自有关主管部门办理出质登记时设立。质押合同自登记之日起生效。这是我国法律对专利质押权的规定。在现实中，专利的质押通常是作为企业向商业银行进行贷款的无形资产担保，是企业融资的一种形式。从上面的规定可以看出，以专利权出质的，出质人首先应该做的就是与质权人协商一致并与之应当订立书面合同。在订立完出质合同之后，出质人或质权人应向国家知识产权局办理出质登记。质押合同自登记之日起生效。国家知识产权局是专利权

---

❶　于玉林. 无形资产管理全书［M］. 北京：中国时代经济出版社，2003：65-68.

质押合同登记的管理部门。

专利权中的财产权指专利权人因取得专利而依法享有的具有经济内容的权利。根据我国《专利法》，专利财产权主要包括专利实施权和专利转让权。前者是对专利产品享有制造、使用、销售的权利；后者是将专利所有权或使用权转让给他人的权利。上述权利兼具财产性和可让与性，是专利权质押的主要标的。实践中，金融机构对质押物的准入标准一般遵循发明专利和实用新型专利优先原则，并根据专利的评估价值作为确定质押贷款授信额度的参考。从目前各地实践看，受行业、地区及风险控制等诸多因素影响与限制，知识产权融资的授信额较评估值偏低，质押率一般为 10%～60%，部分城市专利权的授信额不超过评估值的 30%，使用新型专利权的授信额不超过评估值的 20%，且一般需由企业法定代表人加保。

目前，我国知识产权质押融资主要采取以下五种模式：（1）"银行/保险公司+企业专利权/商标专用权质押"的直接质押融资模式（市场主导）。（2）"银行+政府基金担保+专利权反担保"的间接质押模式（企业将知识产权作为反担保质押给政府基金，主管政府部门充当"担保主体+评估主体+贴息支持"等多重角色）。（3）"银行+科技担保公司+专利权反担保"的混合模式（引入第三方担保公司降低银行风险）。例如，武汉东湖高新区引进和培育第三方专业评估机构，对专利技术的成熟度、实施的难度、所属领域发展的情况，以及实施该专利所需的其他能力与条件进行系统评估，同时主动分担融资风险，实行保险公司、财政、银行 5∶3∶2 的风险共担机制，大大降低银行放贷风险，充分调动金融机构服务中小企业积极性。（4）"债股结合"模式，即以"知识产权质押+股权质押"方式获得银行贷款。（5）"银行+政府风险补偿资金/财政补贴+保险公司+知识产权服务公司"的模式。例如，"中山市科技企业知识产权质押融资贷款风险补偿项目"由中央财政、市级财政专项资金共同出资，专项资金总规模为 4000 万元（中央财政出资 1000 万元、市级财政配套 3000 万元）设立知识产权质押融资贷款风险补偿资金，银行、政府、保险公司、知识产权服务公司等各方按照 26∶54∶16∶4 的比例进行风险分担，合力推进业务发展，贷款金额单笔最高不超过 300 万元；单户最高贷款金额不超过 1200 万元。通过引入保险公司对知识产权的专利保险保障企业知识产权的合法权益，并通过贷款保证保险的形式进一步分担贷款风险。同时通过引入知识产权运营公司并由其承担适当的风险比例，加强知识产权运营公司对知识产权评估环节的把控，进一步降低风险。

延伸阅读：光谷中小企业专利融资

截至 2018 年 6 月，光谷企业数量已经突破 6 万家，其中占企业数总量 80% 以上的中小企业，其产值已占到光谷 GDP 的近 60%，可以说，中小企业的发展直接促进了光谷经济的快速增长。然而，追求规模经济和实施经济赶超战略却使我国中小企业的发展一直处于"强位弱势"的尴尬境地，特别是在融资方面普遍面临"不公平的待遇"。

业内普遍认为，中小企业融资难融资贵是一个世界性难题，在中国也是老大难问题。一方面，我国金融体系的主要特点是以银行间接融资为主导，银行具有市场垄断的地位。另一方面，中小企业贷款由于额度小、企业财务记账不规范、信息不透明、有效抵押物相对不足、单个企业金融需求个性化不明显，银行出于效益与成本控制方面的考虑，中小企业难以成为银行的主流客户。不过在监管部门最近几年的引导下，商业银行对中小企业的服务不断改善，利率市场化加速推进也倒逼银行必须将服务目光下移至中小企业，寻找新的业务增长点。

据统计，光谷每年新申报知识产权数量占湖北全省 1/4 以上。仅 2017年，光谷的专利申请量就达 2.5 万多件，平均每天近 70 件。科技型中小企业多数拥有自己的发明专利，如何变"知本"为"资本"？专利权质押融资贷款应运而生。"在知识产权管理部门与金融机构帮助下，以我们拥有的一件发明专利质押，获得了 200 万元的专利质押贷款，为企业解决了资金不足的燃眉之急。"不久前得到这份"实惠"的武汉博昇光电科技有

限公司有关负责人表示，通过专利质押贷款，解危济困，是为中小企业雪中送炭。有了这些资金，企业就可以强化创新，从而提升市场竞争力、赢得好效益。❶

【思考与练习】

1. 什么样的技术可以申请专利？其实质性条件包括哪些？

2. 申请专利需要遵循怎样的原则？

3. 申请专利需要办理哪些手续？

4. 专利局收到专利申请后需要经过哪些程序才能授予专利权？

5. 现有技术的公开方式有哪些？

6. 发明或实用新型专利申请的创造性如何判断？

7. 申请专利需要提交哪些文书？

8. 专利申请复审的条件有哪些？

9. 专利权被宣告无效将产生什么效力？

10. 专利评估的方式有哪些？

---

❶ 武汉东湖：从创业"梦工场"驶向"世界光谷" [EB/OL]. [2021-05-31]. http://ip.people.com.cn/n1/2018/0710/c179663-30137274.html.

第四章　著作权管理实务

【导读】

著作权作为知识产权的一部分，它并非对诸如房产或者首饰之类的有体财产给予保护，著作权所保护的是人的思想成果，这些思想与表达有时可能在书籍篇章中找到，有时又可能存在于一首歌曲或者一部电影之中。对这种表现形式多样的财产是难以确定其有形界线的，一个半世纪以前，约瑟夫·斯托里（Joseph Story）大法官就曾经评论过这一特征："相比其他各类在法庭上争论的案件，著作权更加接近于所谓的法律的形而上学，其特性是，至少看起来可能是如此的微妙与精巧，并且有时几乎是转瞬即逝的。"❶本章主要对著作权的概念、特征、合理使用、法定与强制许可，以及登记管理、经营管理、集体管理进行深入学习，以期在著作权管理实务工作中能够熟练运用所学知识。

第一节　著作权管理基础知识

一、著作权的概念

（一）著作权的定义

著作权，是指作者或者其他著作权人对文学、艺术和科学作品依法享

---

❶ 保罗·戈斯汀. 版权之道——从古登堡到数字点播机 ［M］. 金海军，译. 北京：北京大学出版社，2008：6.

有的各项专有权利。著作权是著作权人基于特定作品的人身权和全面支配该作品并享有其利益的财产权的结合体，是知识产权的一种。文学艺术和科学作品是著作权产生的前提和基础，是著作权法律关系得以发生的法律事实构成。作为一种民事法律关系，著作权不是抽象的，而是具体的，是就特定作品而产生的权利。没有作品，就没有著作权，脱离具体作品的著作权是不存在的。

在西方大陆法系国家，著作权又被称为"作者权"，转译为英文是Author's right。从语义上看，作者权可以涵盖作者对智力创作成果所享有的全部权利。但是，除少数国家只允许作者享有权利，即著作权不得转让外，在大多数国家，享有著作权的主体可以是作者，也可以是其他法定或约定的著作权人。❶

著作权与版权是否为同一概念，在我国《著作权法》立法过程中颇有争议。从历史上看，二者均来自日本，而且当初确有区别。部分学者认为，著作权即版权，我国旧时的书刊，也多印有"版权所有，违者必究"字样，这种习惯一直沿袭至今。很多学者也习惯于使用"版权"这个词，认为它揭示了此种权利的本质。不过，随着复制和传播技术的发展，著作权不再仅仅局限于复制权，还包括控制作品传播和演绎以获得利益的权利。

著作权通常有狭义和广义之分。狭义的著作权是指各类作品的作者依法享有的权利，其内容包括人身方面和财产方面的。广义的著作权除了狭义著作权以外，还包括艺术表演者、录音录像制品制作者和广播电视节目的制作者依法享有的权利。在法律称谓上，通常称著作邻接权或者与著作权有关的权利。本书所称的著作权采广义著作权之含义，也包括著作邻接权。

在我国，按照《民法典》的规定，著作权属于民事权利，是知识产权的重要组成部分。基于作品而产生的权利，包括被认为与人身利益相联系的内容，如作者主张自己为某文学艺术或科学作品的作者的资格权、发表

---

❶ 梅术文.著作权法：原理、规范和实例［M］.北京：知识产权出版社，2014：2.

133

权、署名权、修改权和保护作品完整权。这些权利没有财产性质，故归类于著作人身权。与此同时，它也有诸多纯粹属于财产内容的权利，如复制发行权、表演权、播放权、展示权、改编权等一系列财产权。

（二）著作权与其他权利的关系

1. 著作权和专利权、商标权的区别

著作权和专利权、商标权都是法律赋予人们对智力劳动创造的精神财富所享有的专有权利，同属于知识产权。但三者也有一定的区别，具体表现在以下方面。

（1）权利的客体不同。著作权的客体是文学、艺术和科学作品；专利权的客体是技术方案或新设计；商标权的客体是识别性标志。从权利客体的范围上可知，著作权旨在促进文化艺术的发展和繁荣，专利权意在鼓励科技创新和技术进步，商标权则是品牌运营和市场秩序的必要组成。从其实质内容来看，著作权所要保护的文学艺术作品，不指向其思想，而只涉及表达。专利权所保护的技术方案或新设计在本质上就是一种工艺、方法等。商标权所保护的则是一种符号标记，只要能够让消费者识别或区分商品和服务的来源即可。

（2）客体受保护的条件不同。作品获得著作权的保护，要求其具有独创性，也就是为作者独立创作完成即可。技术方案或设计成果要获得专利权的保护，会因为专利权的类型不同而有所不同。但无论是哪种专利权，均强调技术方案或设计成果具有创造性、实用性和新颖性，只不过因为技术的类型不同而在保护条件的严苛程度上有所不同。识别性标志获得商标权保护也必须满足多个要求，最核心的是具备显著性，也就是该标记具备将此商品或服务与其他商品或服务区别开来的能力。

（3）保护程序不同。大多数国家的法律规定，著作权的取得采取"自动保护"的原则，也就是说作品创作完成之时自动取得著作权，不需要向国家行政管理机关履行审查批准程序，且著作权的维持也不需要向特定机关缴纳费用。专利权、商标权与著作权不同，权利的取得需要经过申请、审查、批准等行政程序，权利的维持也需要向国家行政管理部门缴纳一定的费用。

（4）权利期限不同。著作权的期限一般较长。专利权的保护期限会因权利类型不同而有所差异，但是总体上看比著作权的期限短。对于商标权的保护虽然是有期限的，但是因为商标还与消费者利益和市场秩序有关，所以各国法律都允许商标权人续展商标的保护期。由于续展的次数不受限制，所以只要权利人愿意，商标权可以通过不间断地续展而得到永久的保护。❶

（5）权利内容不同。著作权人主要控制作品的复制、传播和演绎等行为。专利权人的控制行为因客体类型而不同，主要是可以控制对专利产品的制造、使用、销售、许诺销售和进口等行为。商标权人除了可以在核准登记的商品或服务上使用商标外，还可以禁止未经许可在相同或类似的商品或服务上使用同一或近似的商标。

2. 著作权与所有权的关系

著作权与所有权虽然都具有绝对性、排他性等共同属性，但它们之间仍存在不同之处。

（1）著作权是一种由人们脑力劳动创造的智力成果权，包括人身权和财产权两方面。而所有权仅指财产所有人对其所有财产（动产、不动产）所享有的占有、使用、收益、处分的权利，即只有财产权利。

（2）著作权作为一种权利人基于某种智力成果所享有的无形财产权，一般要通过权利使用来真正实现财产权利。而所有权是一种有形财产权，除法律另有规定外，财产所有人一般可以直接行使占有、使用、收益、处分的权利。

（3）一般来说，著作权的载体即作品原件的转移不视为著作权的转移，著作权人仍然享有著作权，法律另有规定的除外。有形财产的所有权转移后，原财产所有人不再享有财产权。

---

❶ 梅术文. 著作权法：原理、规范和实例 [M]. 北京：知识产权出版社，2014：10-11.

3. 作品的著作权与作品载体的所有权

任何作品都离不开物质载体。占有作品的载体，取得该载体的所有权，并不意味着取得附着在该载体上作品的著作权。《美国著作权法》规定：对著作权的拥有，不等于体现了作品的任何有形物的拥有。《法国知识产权法典》规定：作者仅可基于创作的事实而享有对该作品的独占和对抗他人的无形财产权，该无形财产权与作为原件的财产所有权具有独立性。我国《著作权法》第20条规定："作品原件所有权的转移，不改变作品著作权的归属。"

具体来说，作品的著作权和作品载体所有权的关系，主要遵循以下规则：（1）一般来说，作品载体所有权的转移并不会导致作品著作权的转移；（2）美术、摄影作品原件的展览权由原件所有人享有；（3）一般情况下毁损记载有作品的载体仅仅是对有形物的处分，而没有触及著作权；（4）出版者将著作权人交付的作品丢失、毁损致使出版合同不能履行的，应该承担民事责任。❶

延伸阅读：《赤壁之战》壁画侵权纠纷

1982年4月15日，湖北晴川饭店（以下简称"晴川饭店"）工程指挥部与湖北省美术院签订"晴川饭店"室内艺术作品协议书一份。涉及《赤壁之战》壁画的内容包括：餐厅壁画内容为《三国故事》，面积54平方米，由蔡某等四人创作；壁画创作稿酬，参照国务院文化部（79）733号文件精神，共计9 180元等。在创作中，协议中的壁画原名《三国故事》，后更改为《赤壁之战》。壁画作品完成后，晴川饭店工程指挥部支付了合同价款，作者蔡某等曾对《赤壁之战》壁画进行拍照，用摄影作品的形式记载了《赤壁之战》壁画的艺术表现形式，以此向国内美术专业公开出版物投稿刊登，并在国内一些壁画作品展览中参展获奖，其壁画作品作者署名均为蔡某等。1995年8月，晴川饭店与外商合资成立湖北晴

---

❶ 《最高人民法院关于审理著作权民事纠纷案件适用法律若干问题的解释》第23条。

川饭店有限公司（以下简称"晴川公司"），晴川饭店将部分评估资产作为出资，移交给晴川公司，其中包括《赤壁之战》壁画。1997年6~7月，晴川公司对饭店进行整体翻修过程中，《赤壁之战》壁画被拆毁。蔡某等四人诉至武汉中院，要求晴川公司赔偿损失。

那么，晴川公司是否侵犯作者蔡某的著作权呢？

首先，晴川公司作为美术作品原件的所有人，在法律规定的范围之内全面行使支配美术作品原件的权利时，就应享有排除他人干涉、不受限制的权利。反过来，蔡某等四名著作权人行使那些需要依靠作品原件才能行使的部分著作权等权利，在作品原件转移后，必须受到作品原件所有人是否同意及其如何行使所有权和展览权的严格限制，只有在原件所有人同意其可以通过作品原件行使相关权利时，其相关著作权才能得以实现，如复制权等。

其次，在晴川饭店工程指挥部委托湖北省美术院创作《赤壁之战》时，双方并未就将来如果要拆卸该画时是否要履行告知的义务进行约定，我国著作权法对壁画等美术作品也均以一般受保护作品看待，并未对壁画作品的拆毁、更换等问题作出特殊保护规定，同时也无其他相关法律对此义务加以特殊规定；在此情况下，不应认定晴川公司拆毁壁画的行为是未尽妥善保管义务、侵害蔡某等人著作权的行为。

最后，作为该壁画的著作权人可以通过同原件所有人进行接触与告知，以提高作品原件所有人对《赤壁之战》壁画美术作品艺术价值的认知程度，或对该壁画的拆卸与损毁等保护问题达成一致，从而使作品原件所有人主动积极地在其拆卸该壁画时履行告知义务，或采取相关的维护与保存措施，最终起到保护壁画、避免该壁画出现损毁状况。但蔡某等从未就上述事项与该壁画原件所有人进行过接触，亦未就相关告知义务等事项进行协商。而该壁画的所有权人晴川公司对该壁画的认识，也只是将该壁画当作曾经装饰、美化饭店、促进该饭店经营效益的一件普通作品，一件已折旧完毕的普通物品。因此，晴川公司与蔡某等之间既无合同约定，更无法律规定晴川公司拆毁《赤壁之战》壁画原件前必须履行告知或协商的义务。

本案经两审终审，法院判决：（1）《赤壁之战》壁画的创作人蔡某等四人是该美术作品的著作权人，原件财产所有权应归晴川公司享有。（2）晴川公司拆毁的是属于自己财产的美术作品原件，是对自己合法拥有的财产行使处分权，该行为不属于《著作权法》第46条规定的关于侵犯著作权行为之列，该行为不应属于侵犯著作权行为。❶

二、著作权的特征

著作权作为知识产权的重要组成部分，具有以下主要特征。

（一）无形性

著作权的客体是智力创作的作品，这种智力成果本身是无形的，为了能将无形的著作权作品传递给其他人，使无形的著作权作品能够进行传播、运营和保护，通常可以通过纸张、书籍、石碑、光盘、软盘等各种载体来表达著作权人的构思、思想、情感等。可以说，著作权的客体只是在各种物质载体上所承载或体现的非物质成果，它具有无形性。著作权客体的非物质性主要是指获得了物质载体并不等于享有物质载体所承载的客体的知识产权。就如买了一本小说的顾客虽然取得了小说这一物质载体的所有权，但对小说作品并不享有著作权。

（二）独占性

著作权人享有的著作权权利具有独占性，任何人未经著作权人允许不得对该作品进行复制、发行、传播和演绎等利用。从具体内容上看，著作权人独占享有的著作权利具有积极权能和消极权能之分。积极权能是著作权人能够以自己的意志对作品进行控制，主要包括复制、发行、传播和演绎作品等内容。消极权能是著作权人能够禁止其他人未经许可对作品进行

---

❶ 湖北省高级人民法院（2003）鄂民三终字第18号。

上述方面的使用，如果有人未经许可使用作品，著作权人可以主张侵权赔偿。

（三）地域性

地域性，是指某一作品的著作权保护受到某一国家地域范围的限制。从历史的角度看，著作权最早出现时就具有君主或国家所授予的个人特权或独占权的性质，导致各国都只保护本国授予的、注册的著作权。从法律的效力看，通常本国的法律没有域外效力，外国授予的、注册的著作权在本国并不必然得到保护，除非本国参加了国际公约或多边协议，该作品是受公约、协议保护的，作者在其他缔约国、协议国享有国民待遇和特别规定的权利，因而在其他缔约国获得了著作权的保护。例如，根据《伯尔尼公约》的规定，相关作品保护的取得不得以办理任何手续为条件。

（四）时间性

时间性，是指法律对著作权规定的保护期，著作权只有在法律规定的时间内受到法律的保护，一旦超出法律规定的时间，著作权就不受法律保护。在英美法系国家，按照 1709 年英国颁布的《安娜女王法令》，作者出版作品的期限是 14 年，从首次出版日起计算。这一期间届满时，如果作者尚未去世，则延长 14 年，著作权于本次期间届满时终止。由于英美法系国家设立著作权的主要目的在于便于作者出版作品，在当时"14+14"的保护期限内，作者出版所付出的投资已经足够获得回报。在大陆法系国家，1793 年的法国法令将作者终生享有授权表演其作品的权利的保护范围扩大到文字、音乐和艺术作品的复制权，并规定这些权利在作者死后还有 10 年保护期，由作者的继承人享有。1866 年，法国又将作者死后的保护期限延至 50 年。各国规定的期限不太一致，然而著作权中的经济权利都是有时间限制的。至于人身权利，有的国家规定与经济权利的保护期限相同，有的国家则规定在作者死后是无限期保护的。

从作品本身的角度来说，信息作为精神财富，具有永久存续的特点，其本身不会因为使用或时间的推移而消灭。但是，从社会的角度来说，任何作品都不可能凭空产生，总是建立在前人智力活动的基础上。如果权利保护无期限限制，显然不利于社会文化、科学的发展和延续。因此，立法者基于立法政策上的考虑，规定权利人独占控制其信息的期限，期限届满，该信息即进入公有领域，任何人均可自由利用，以平衡信息所有人和社会公众的利益，促进社会的发展。

三、著作权的限制

（一）著作权限制概述

著作权限制，是指为了平衡创作者权益与社会公共利益而对著作权的权利行使范围进行一定的约束或者对他人实施著作权的行为予以豁免的制度。

著作权限制在概念上有广义和狭义之说。广义的著作权限制是指凡是对著作权权利各要素起到约束作用的规范均属著作权限制的范畴，其不仅包括时间限制、地域限制和权能限制，还包括对著作权的主体、客体、权利内容的约束。狭义的著作权限制仅指对著作权权利行使的约束，与著作权的主体、客体、权利内容无关。

著作权是法律赋予创作者的一系列专有权利的总称。为了鼓励人们的创作积极性，保护这些权利具有重要意义。但是，著作权法的立法目的并非仅仅为了保护著作权人的个体权益，通过对个体权益的保护来促进社会科学文化艺术的发展，为社会提供更加丰富的文化艺术产品，满足广大公众的精神文化需求才是其最终的目标。因此，著作权法需要在著作权人的个体权益与公共利益之间寻找平衡，著作权限制制度正是这种利益平衡的产物。著作权限制是为了公共利益，但并不是否定个体利益，著作权人必须对其作品加以利用，通过转让、许可等方式来获取报酬，以最终实现其著作权。

世界各国虽然都对著作权限制作了规定，但在名称和立法体例上有很大差别。欧洲大陆法系国家的著作权立法将各种规定统归为"权利的例外和限制"条款，英美法系中的美国版权法称为"合理使用"和"法定许可"，英国、加拿大等其他英美法系国家的版权法称为"公平交易"，

TRIPS、WCT、WPPT 等有关国际公约或条约则均采用"限制或者例外"的表述。

根据著作权限制的定义并结合我国《著作权法》的规定，我国著作权限制的外延包括两类：第一类是著作权保护期制度；第二类是著作权行使限制制度，包括合理使用、法定许可和发行权的权利穷竭。此外，《伯尔尼公约》和《世界版权公约》中还规定了强制许可制度，因我国已加入该两个公约，故强制许可也应成为我国著作权限制制度的组成部分。

（二）著作权保护期

著作权的保护期，是指法律对作品给予保护的期限。超过这个期限，作品便自动进入公共领域，不再受著作权法保护，任何人都可以自由使用。法律为了保护社会公共利益而对著作权作出的具有最重要意义的限制莫过于在保护期方面所作出的限制性规定。有关国际公约或条约中关于著作权保护期的规定均为最低国际标准，并不禁止各国国内法对著作权规定更长的保护期，故世界各国国内法所规定的著作权保护期长短不一。我国《著作权法》对著作人身权和著作财产权的保护期分别作了规定。

1. 著作人身权的保护期

由于各国著作权观念和立法传统的差异，对著作人身权保护期的规定也不尽相同，大体上有两种期限：一是大多数大陆法系国家认为作品与作者的人身密不可分，应永久性地享有专有权利，故对著作人身权的保护期无限制；二是英美法系和少数大陆法系国家规定，著作人身权的保护期延长至作者死后一定时间或者与财产权同时终止。

根据《著作权法》第 22 条规定，"作者的署名权、修改权、保护作品完整权的保护期不受限制。"即在我国，著作人身权中的署名权、修改权和保护作品完整权是永久性的权利。在著作财产权保护期限届满后，他人亦不得随意更改作品署名、擅自修改作品或破坏作品的完整性。作者死亡后，其著作权中的署名权、修改权和保护作品完整权由作者的继承人或者受遗赠人保护。著作权无人继承又无人受遗赠的，其署名权、修改权和保护作品完整权由著作权行政管理部门保护。

2. 著作财产权的保护期

对著作财产权的保护期进行限制是为了促进作品的利用，保证作品从私有领域向公有领域的转移，从而丰富社会的文化生活。基于上述目的和原则，我国《著作权法》第23条根据权利主体、客体和发表行为的不同而对著作财产权的保护期分别作出了不同的规定。

首先，对于自然人的作品。自然人的作品，其财产权利的保护期为作者终生及其死亡后50年，截止于作者死亡后第50年的12月31日；如果是合作作品，截止于最后死亡的作者死亡后第50年的12月31日。关于自然人作者著作财产权的保护期，世界上所有国家都规定"作者终生加死后若干年"，只是不同的国家对死后的保护期规定不同。我国《著作权法》之所以规定为50年而不是较短或更长：一是考虑我国著作权保护的发展水平和社会对作品需求方面的要求；二是考虑对外开放和国际文化、科技交流的需要以及国际上通行的做法。

其次，对于法人或其他组织的作品。法人或者非法人组织的作品、著作权（署名权除外）由法人或者非法人组织享有的职务作品，其著作财产权的保护期为50年，截止于作品创作完成后第50年的12月31日，但作品自创作完成后50年内未发表的，不再保护。

再次，对于视听作品。此类作品的发表权的保护期为50年，截止于作品创作完成后第50年的12月31日；其他著作财产权利的保护期为50年，截止于作品首次发表后第50年的12月31日，但作品自创作完成后50年内未发表的，不再保护。

最后，对于作者身份不明的作品。根据《著作权法实施条例》的规定，作者身份不明的作品，由作品原件的所有人行使除署名权以外的著作权。作者身份不明的作品，其著作财产权的保护期为50年，截止于作品首次发表后第50年的12月31日。值得注意的是保护期限的转换，作者身份确定后，由作者或者其继承人行使著作权，即作者身份一旦确定后，则转而适用《著作权法》第23条，即作者终生加死后50年。

（三）著作权合理使用

合理使用，是指在一定的情况下，他人可以不经著作权人同意，也不用向其支付报酬而使用其作品的合法行为。但应当指明作者姓名或者名称、作品名称，并且不得影响该作品的正常使用，也不得不合理地损害著作权人的合法权益。

合理使用的价值目标在于通过对著作权的适当限制，来平衡作品创作者、传播者以及使用者之间的利益，以促进社会的科学文化发展。在实践中，合理使用常常被使用人作为侵权抗辩的理由运用。但合理使用必须具备一定的条件。根据《伯尔尼公约》《与贸易有关的知识产权协定》和《世界知识产权组织版权条约》的规定，各国规定著作权的合理使用，只能在特殊情况下作出、与作品的正常利用不相冲突、没有无理损害权利人的合法利益，这就是学界通称的"三步检验标准"。我国《著作权法》中虽然没有直接规定这个标准，但我国已加入上述三个国际条约，有遵守"三步检验标准"的义务，故在《著作权法实施条例》中作了相应的补充规定，"依照著作权法有关规定，使用可以不经著作权人许可的已经发表的作品，不得影响该作品的正常使用，也不得不合理地损害著作权人的合法利益"。这应该是对"三步测试法"的肯定，实践中应以"三步检验标准"作为判断是否为合理使用的最终标准。

在我国，使用人除了应遵守"三步检验标准"外，还须承担以下两项义务：一是合理使用的作品必须是已经发表的作品，未发表的作品不属于合理使用的范围；二是合理使用不得损害作者的人身权，即必须注明作品的名称、作者姓名，并不得歪曲、篡改作品的内容。

根据我国《著作权法》和《信息网络传播权保护条例》的规定，合理使用包括以下几种情形。

1. 为个人学习、研究或者欣赏

为个人学习、研究或者欣赏，是指为个人学习、研究或者欣赏，使用他人已经发表的作品。

许多国家的著作权法都把某种情况下的个人使用列入合理使用的范围。

例如，《德国著作权法》规定，允许为私人使用制作著作的零星复制物；《日本著作权法》规定，对于作为著作权标的的著作物，为了供个人或家庭以及与此同类的有限范围内使用时，使用者可以进行复制。我国《著作权法》也作了类似的规定，并强调这种使用必须是为了纯粹的个人目的。比如，个人为了自我娱乐而歌唱、演奏他人的音乐作品等。

对于合理使用的数量，我国《著作权法》未作规定。但是，有些国家的规定较为具体，例如，捷克、巴西、埃及、墨西哥等国的著作权法均规定 1 份复制件为合理，不允许复制多份；冰岛的著作权法认为个人为学习、研究目的而制作 3 份复制件是合理的。

需要指出的是，不能认为只要是为个人学习、研究或者欣赏而进行的使用都是合理使用，"三步检验标准"仍然是最终的判断标准。例如，为了个人欣赏而复制整部书籍，大量翻录唱片或从网络上大量下载音乐、电影等，多数国家都会以不合理地损害权利人的合法利益为由而认定为侵权。❶

2. 在作品中适当引用他人已经发表的作品

在作品中适当引用他人已经发表的作品，是指为介绍、评论某一作品或者说明某一问题，在作品中适当引用他人已经发表的作品，包括通过信息网络提供他人作品中适当引用已经发表的作品。

在这里，引用的目的是为了介绍、评论或者说明，而且引用的程度要适当。适当意味着引用作品在自己创作的作品中处于从属地位，不能以引用为主导，更不能以引用代替自己的创作，作品中的主要部分或实质部分应为自己创作。从量上看，一般应只是对他人作品片断的引用，只有在极其特殊的情况下才会发生全文引用。比如，评论家为了评论一首诗歌而在评论文章中全文引用了这首诗歌，虽然这种引用构成了对诗歌的复制，但诗歌在评论文章中成为文章的引子，其作用并不是让人欣赏诗歌本身，而是为了引导读者更好地理解文章对诗歌的评论。这种转换性使用同样构成合理使用。或者说，适当引用后必然产生新作：新作必须区别于原作；新

---

❶ 王迁. 著作权法学［M］. 北京：北京大学出版社，2007：204.

作必须独立于原作；原作的引用必须适宜于新作。如果仅仅是利用原作产生的美学价值和功能为新作进行宣传，也会构成不适当引用。

需要注意的是，改编不是适当引用。这是因为，改编后的作品并不能区别于原作，也并不独立于原作。改编后的作品会让读者意识到它与原作在人物、情节、场景、脉络、语言等各方面之间的内在关联，原作的表达形式虽然改变，但是新作仍不具有独立性。这也与续作不同。续作虽然借鉴或引用了原作的部分内容，但如果它已经区别并独立于原作，则可以构成适当引用。❶

延伸阅读：《一个馒头引发的血案》是否侵权

2005年12月，电影《无极》公开上映。不久，一部使用《无极》画面制作的视频短片《一个馒头引发的血案》在网络上出现并迅速走红。短片制作者通过对《无极》画面的剪辑、配音和配乐，创作了一个仅仅为一个馒头而记恨20年，并为报复而引发了一场血腥事件的新故事，以此来讽刺《无极》的编剧水平低下。《无极》导演陈凯歌称将起诉"恶搞"其影片的网友胡戈，并称胡戈此举为"无耻"。不过，在网络上胡戈和他的《一个馒头引发的血案》支持率甚高，有人看完该短片后甚至感言"要是《无极》也这么有意思就好了"。在短片中，《无极》人物被"搞"得面目全非。女主角"倾城"变身为脱衣模特，"光明"则成了城管小队长，"鬼狼"是特派警探，"昆仑"是重要犯罪嫌疑人，"无欢"是人性扭曲的阴谋策划者。"馒头血案"告诫我们，"要对小朋友进行正确的思想教育"。这部让人看了喷饭的小短片一出现就被各大网站相中，并在网友中间迅速传播，观者爆笑，而陈凯歌则怒不可遏。虽然最后陈凯歌与胡戈并未就《一个馒头引发的血案》对簿公堂，但短片出现后不久，在法律界也展开了短片是否构成侵权的热烈讨论。

---

❶ 梅术文.著作权法：原理、规范和实例［M］.北京：知识产权出版社，2014：245.

由案情可知，该案应当属于"模仿讽刺"。国外著作权理论普遍认为，"模仿讽刺"对于被模仿和被讽刺的原作而言，可以构成一种特殊形式的"评论"。既然是评论，当然可以适当引用他人的作品。从这个意义上理解，本案中的视频短片为了评论《无极》而在作品中引用原作画面，完全有可能构成合理使用。不过问题是，短片中的引用是否"适当"？由于我国目前并未对"适当"的具体标准作出详细规定，而该案也未进入司法程序，因此从司法实务来看是否适当也未曾可知，从理论研究来看则值得详细讨论。

3. 为报道新闻而使用

为报道新闻而使用，是指为报道新闻，在报纸、期刊、广播电台、电视台等媒体中，以及在通过网络向公众提供的作品中不可避免地再现或者引用已发表的作品。

合理使用的主体是报纸、期刊、广播电台、电视台。从主体上看，该合理使用有维护新闻自由、保障公民知情权的宪法价值。使用目的为报道新闻，且必须是报道该新闻时不可避免地再现或引用。在新闻报道中使用他人已经发表的作品，必须是附带性的。比如，新闻报道我国申办奥运会成功的消息，在报道中再现了张艺谋摄制的申奥宣传片的几个镜头，则属于附带性。但如果电视台在报道某演唱会的消息时，将歌手对某一首歌的演唱完整地录制下来并播出，则不构成合理使用，因为这已超出必要或附带性的范围。

4. 时事性文章的使用

时事性文章的使用，是指报纸、期刊、广播电台、电视台等媒体刊登或播放其他报纸、期刊、广播电台、电视台等媒体已发表的关于政治、经济、宗教问题的时事性文章，以及向公众通过网络提供已经在网络上发表的上述时事性文章。

时事性文章是为了宣传国家的方针、政策，让公民了解国家的政治、经济状况而创作的，是推进国家民主、实现政治文明的需要，各国都允许在作者没有作出保留的情况下，由报刊或广播组织刊登或播放已经发表的时事性文章。合理使用的主体是报纸、期刊、广播电台、电视台，从使用主体上看，该限制也有助于实现新闻自由和公民知情权。

对于作者的保留权利声明，作者没有在发表时事性文章时明确禁止不许刊登播放的，时事性文章才可以合理使用。否则，权利人的权利保留声明将会产生制止合理使用发生的效力。需要注意的是，在《信息网络传播权保护条例》规定的合理使用中，并没有规定作者可以声明保留。这就意味着，只要关于政治、经济、宗教问题的时事性文章已经在网络上发表，他人就可以通过信息网络再传播，作者不享有禁止权。

5. 公众集会上发表讲话的使用

公众集会上发表讲话的使用，是指报纸、期刊、广播电台、电视台等媒体刊登或播放或者通过网络传播他人在公众集会上发表的讲话。

公众集会，是指群众性的政治集会、庆祝活动或者纪念性的集会，例如，某一政府官员在公开会议上所作的有关当前政治、经济形势的报告，该报告虽然符合作品的构成要件，但它更重要的意义是向公众传达公共政策信息。在这种情况下，只要作者没有作出保留声明，媒体就可以刊登、播放。作者在公众集会上发表的讲话具有公开宣传的性质，刊登或播放这些讲话正是为了迅速传播，借此扩大宣传范围和影响。或者说，鉴于著作权人在公众集会上发表演讲的目的和功能，法律推定相应媒体的传播不会违背权利人的主观意志，从而以合理使用的方式推动该讲话的迅速传递。不过，根据多数国家的著作权法，只有刊登或播放在公众集会上发表的有关时事性的演说或辩论才可构成合理使用。与时事无关的内容，如学术讲座、诗歌朗诵、科学报告等都被排除在外，因为它是某一特定范围内的人的会议。

需要注意的是，著作权人可以在发表讲话时作出权利保留的声明。这种声明或许出于作者认为自己的讲话有可能不完善或有缺陷的考虑，也或许是因为并不希望讲话传播的范围不受控制，但不管何种动因，媒体都应尊重著作权人的意思表示。

6. 为学校课堂教学或者科学研究而使用

为学校课堂教学或者科学研究而使用，是指为学校课堂教学或者科学研究，翻译或者少量复制已经发表的作品，供教学或者科研人员使用，以及通过网络向少数教学、科研人员提供少量已经发表的作品，但不得出版发行。

这里有几个问题需要注意：一是学校的范围，既包括全日制学校也包括非全日制学校；既包括小学、中学，也包括大学；既包括公立学校也包括私立学校。二是课堂应为泛指进行教学活动的场所，并不局限于学校内部的教室。只要是教师和学生进行现场教学的地方，即使在学校外部，也符合此要求。但是，临时或专门的培训机构为赚取培训费而实施的培训，即使在课堂中进行也不属于课堂教学。三是使用的主体，主要为教学或科研人员。各级、各类教学和科研机构的教师、学生和研究人员，为了开展正常教学活动，可以自由使用他人已经发表的作品。这种使用方式可以是教师自己在图书馆复印教学资料，也包括老师与学生在教学过程中复制少量的资料，例如教师将一页复印资料发给学生用作课堂讨论的资料等。四是使用的目的，应当是学校课堂教学或科学研究。并不是教学和研究人员复制和翻译已经发表作品的行为就构成合理使用，只有在这些主体为了课堂教学或科学研究目的的使用，才会享有合理使用的豁免。例如，学生完成作业及锻炼实践能力，复制已经发表的作品，构成课堂教学必要的组成部分，该使用目的就符合课堂教学目的之要求。五是使用的形式。《著作权法》规定仅限于翻译和少量复制，但这种规定与现实需要相去甚远，执法上需要根据合理使用的原则作扩大解释。比如，音乐学院为了教学而使用他人的音乐作品，戏剧、电影学院将他人的作品改编为戏剧或电影进行表演，或者搬上舞台、银幕供老师和学生进行观摩，这些都应该属于为课堂教学而使用。

此类合理使用中最复杂的问题在于何为少量复制？少量复制是指复制的部分在被复制的整部作品中只占少量，还是指复制的部分在新作品中只占少量？还是两者同时满足？一般而言，复制应以满足教学和科研人员的需要为标准。比如，某法学教学单位共有教师10人，其中知识产权法专业3人，其他专业7人。由于该单位需要复制某知识产权法的教学参考资料，则复制3本提供给知识产权法专业的教师即可满足，此时的复制应为少量复制。但如果复制了10本，另将7本提供给其他专业的教师，则超过了教学需要，不再属于少量复制。假设，该单位有知识产权法专业的教师100名，而需要复制资料100份，是否仍然属于少量复制？仅从法律字面上无法找到答案。此时，就需要以"三步检验标准"来进行判定，看该单位的复制是否不合理地损害了著作权人的利益。

延伸阅读：北京北影录音录像公司诉北京电影学院侵犯著作权案

作家汪曾祺将其代表作之一小说《受戒》的电影、电视剧改编权、拍摄权转让给北京北影录音录像公司，北京电影学院的学生吴某为完成改编课程作业，将小说《受戒》改编成电影剧本，北京电影学院选定将该剧本用于学生毕业作品的拍摄，并投资5万元，组织该院的毕业生联合摄制了电影《受戒》。该片完成后，曾在北京电影学院小剧场放映一次，用于教学观摩，观看者为该校师生。此后，北京电影学院组团携《受戒》等片参加法国国际学生电影节，在电影节期间该片被放映两次，电影节组委会对外公开出售少量门票，观众系参加电影节的各国学生、教师，也有当地公民。❶

那么，吴某及北京电影学院的行为是否属于合理使用？

由案情可知，北京北影录音录像公司根据作者的授权拥有小说《受戒》的电影、电视剧改编权、拍摄权。首先，吴某为完成改编课程作业将小说《受戒》改编成电影剧本，其做出改编行为的主要目的是完成课堂作业，即为个人学习之用，构成为学校课堂教学而对他人已发表作品的合理使用，因此，该改编行为虽未经原作品著作权人同意，仍然不构成侵权。其次，北京电影学院为教学之需将该剧本拍摄成电影，在校园内为教

---

❶　北京市第一中级人民法院（1995）民终字第19号。

学观摩放映，观看者为该校师生，可知该拍摄和放映行为都属于学校课堂教学中的使用，也属于为学校课堂教学而对他人已发表作品的合理使用。最后，北京电影学院将该片送到国外参展，观众除了教师、学生之外，还有当地民众，由此可知该电影已并非单纯为教学所用，而是进入了公有领域，超出了合理使用的范围，侵犯了原作品的著作权，应承担相应的法律责任。

7. 国家机关为执行公务而使用

国家机关为执行公务而使用，是指国家机关为执行公务在合理范围内使用已经发表的作品，包括在合理范围内通过网络向公众提供已经发表的作品。

这里的国家机关包括立法、行政、司法和军事机关；使用的目的是执行公务。如果虽为国家机关使用，但并非为了执行公务则不属于合理使用的范围。比如，法院为了案件审理的需要，可以复制某部作品作为证据或参考资料，但如果该法院是为了出版发行案例集而使用他人的作品，则不属于合理使用。至于使用的范围，应当既不超出国家机关职能的范围，又不超过执行公务的范围。在具体的使用数量上，也应该接受"三步检验法"的测试，不能影响作品的正常使用，也不得无故损害著作权人的合法权益。例如，国家立法机关为制定法律而复制、翻译并且汇编他人的作品，形成立法资料汇编，这不违背"三步测试法"；但是如果将汇编资料出版发行，或者将翻译的资料投向期刊社公开出版，则超出了合理使用的范围。

8. 图书馆的使用

图书馆的使用包括两种情形。

其一，复制作品的情形。复制作品，是指图书馆、档案馆、纪念馆、博物馆、美术馆等为了陈列或保存版本的需要，复制（包括以数字化形式复制）本馆收藏的作品。这里需要注意的是，复制作品的目的是陈列或保存，而不是借阅或出租；被复制的作品必须是本馆收藏的作品，而不能复制他人包括他馆收藏的作品。以数字化形式复制时，被复制的作品应当是已经损毁或者濒临损毁、丢失或者失窃，或者其存储格式已经过时，并且在市场上无法购买或者只能以明显高于标定的价格购买的作品。比如，图书馆收藏的书籍丢失，但市场上仍然有销售，则图书馆就只能去市场上购买，而不能以数字化形式复制；再如，图书馆收藏的早期电影作品，虽然是以录像带形式保存，但是录像的保存格式早已过时，而且该录像带又濒临损毁，但只要市场上仍有以其他格式存储的该电影销售，图书馆就不能以数字化形式复制，而应当在市场上购买。

其二，网络传播作品的情形。网络传播作品，是指图书馆、档案馆、纪念馆、博物馆、美术馆等通过信息网络向本馆馆舍内服务对象提供本馆收藏的合法出版的数字作品和依法为陈列或者保存版本的需要而以数字化形式复制的作品。此种合理使用有几个条件限制：一是图书馆等只能向馆舍内的服务对象提供作品，而不能通过网络向馆舍外的服务对象提供，不论是互联网还是专线网。二是提供的数字化作品必须是收藏时就以数字格式保存，或者是为陈列或保存版本需要而以数字化形式复制的作品。这意味着图书馆等不能随意将自己收藏的作品数字化后通过网络提供给服务对象。三是图书馆等在向馆舍内的服务对象提供数字化作品时，必须采取加密、身份验证等技术措施，且只允许在线阅读，而不允许服务对象将作品复制到自己的存储设备上。

延伸阅读：北京中文在线数字出版股份有限公司与南宁市兴宁区图书馆侵害作品信息网络传播权纠纷案

霍达为小说《穆斯林的葬礼》的作者，侣海岩为小说《一场风花雪月的事》及小说《死于青春》的作者。2011 年 2 月 12 日和 12 月 30 日，原告经霍达和侣海岩授权，取得上述 3 部作品数字版权的专有使用权，授权内容包括：行使包括但不限于信息网络传播权、汇编、复制、发行等著作权的权利；许可他人合法使用上述著作权的权利；以原告名义对侵犯授权作品上述著作权的行为行使要求停止侵权、公开赔礼道歉、赔偿经济损失、提起诉讼的权利，授权期限分别为 2011 年 2 月 12 日至 2016 年 2 月 20 日、2011 年 12 月 30 日至 2016 年 12 月 30 日。

广西壮族自治区南宁市兴宁区图书馆（以下简称"图书馆"）因上传了《一场风花雪月的事》《死于青春》、《穆斯林的葬礼》3 部作品至其网站，北京中文在线数字出版股份有限公司（以下简称"数字出版公司"）认为对方的行为属于侵权，于是将其告上法院索赔。

2014 年 3 月 5 日，原告向北京市东方公证处申请保全证据。在公证人员的监督下，由原告的委托代理人雒艳操作该公证处与互联网相连接的计算机，进入"兴宁区多媒体数字图书馆"，对其中的相关网页进行证据保全。公证处对整个过程进行公证，并出具了（2014）京东方内民证字第6188 号公证书。经查看，公证书附件二刻录光盘保存了《一场风花雪月的事》《死于青春》《穆斯林的葬礼》3 部作品的文字内容。原告在此次公证中除了对上述三部涉案作品进行证据保全外，还对包括《康熙大帝》《乾隆皇帝》等其他 9 部作品进行证据保全，原告为此次公证支出公证费1800 元。在本案庭审中，被告对其在该馆网站中上传涉案三部作品供读者阅读和下载的事实予以认可，并承认读者无须办理注册或其他手续即可阅读和下载其网内书籍。

另查明，原告原名称为北京中文在线发展有限公司，于 2011 年 4 月 2日变更为现名称。被告系事业单位法人，经费来源为财政全额拨款，其宗旨和业务范围为面向社会公众提供图书阅读和知识咨询服务。

法院审理认为，数字出版公司经涉案三部作品作者的授权，取得涉案作品的信息网络传播权，并有权就侵害涉案作品信息网络传播权的行为提起诉讼，其依法享有的合法权益受法律保护。

鉴于数字出版公司未提供相关证据证明被告图书馆侵权行为给其所造成的损失以及图书馆因侵权行为所获得的利益，综合考量图书馆侵权行为的性质、数字出版公司作品的知名度、市场价值和文字作品报酬等因素，酌情确定图书馆赔偿数字出版公司经济损失 6000 元、公证费 450 元、律师费 3000 元。据此，法院依法作出上述判决。

《信息网络传播权保护条例》第 7 条第 1 款规定："图书馆、档案馆、纪念馆、博物馆、美术馆等可以不经著作权人许可，通过信息网络向本馆馆舍内服务对象提供本馆收藏的合法出版的数字作品和依法为陈列或者保存版本的需要以数字化形式复制的作品，不向其支付报酬，但不得直接或者间接获得经济利益。当事人另有约定的除外。"按照该条款的规定，图书馆合理使用他人数字作品应同时具备三个条件：一是其提供信息网络服务的对象为在其馆舍内的读者；二是其提供给读者阅读的作品是其收藏的合法出版的数字作品，或者是其依法为陈列或者保存版本的需要以数字化形式复制的作品；三是不能通过该服务获得经济利益。

首先从服务对象来看，该条款对于服务对象是有空间地域限制的，即在该馆馆舍内。超出该空间地域范围的，则其服务对象将无限扩大，对著作权人和相关权利人的合法权益会造成损害，就不能适用该条款的规定。在本案中，图书馆所提供的数字作品阅读和下载服务是接入互联网的，任何人均可通过互联网络进入其网站获得涉案数字作品，其服务对象范围远远大于在其馆舍内的读者，与前述法律规定不符。

其次从所提供数字作品的合法性来看，图书馆所提供的数字作品应是著作权人或相关权利人合法授权出版的。但在本案中，图书馆仅说明了其上传的涉案数字作品系来源于某网站，但并未能举证证明该来源是合法的，该数字作品的发行系得到著作权人或相关权利人的合法授权。结合上述两点，无论图书馆在提供服务中是否获取利益，均不符合《信息网络传播权保护条例》第7条第1款关于合理使用的规定。

被告图书馆在其接入互联网的网站中并未采取任何技术限制措施，任何人均可通过互联网络进入图书馆网站随意阅读和下载涉案数字作品，这对著作权人作品的发行量当然会造成影响，其行为对著作权人的利益造成实质性损害是显而易见的。

9. 免费表演已经发表的作品

免费表演已经发表的作品，是指该表演未向公众收取费用，也未向表演者支付报酬。

著作权法上的表演分为现场表演和机械表演两种方式。法律虽然没有直接表明构成合理使用的免费表演是指现场表演还是机械表演，但从"未向表演者支付报酬"的表述来推断，这里的表演应指现场表演。

构成合理使用的免费表演必须是真正免费的。所谓真正免费，必须同时符合以下三个条件：第一，该表演没有任何直接或间接的商业目的。无论是演员还是观众，均出于纯粹的娱乐、休闲或欣赏的目的。商业利益指向该实体发起表演的营利目的。因此，一家非营利性慈善机构发起的营利性音乐会，也不能构成免费表演。第二，不能向表演者支付报酬。无论组织者以酬金、小费、演出费、超出一定数额标准的交通费或误餐费还是其他名目支付给表演者报酬，都不能满足免费表演的条件。例如，在婚礼中请乐队进行表演，由于已经向乐队支付了报酬，所以不能认定为免费表演。第三，不能向观众收取费用。例如，慈善募捐为目的进行的表演，也不能看作免费表演。按照美国法的立场，与营利有关的表演指向其目的之营利性，而不论是否要求付费进入。在 Herbert V. Shanley Co. 案中，美国联邦最高法院认为，餐厅向顾客进行的音乐表演具有营利性，虽然顾客没有专门为这一项音乐付费，但餐厅实际上已经从表演中获益。因为音乐演奏营造了令人心怡的环境。顾客不只是为一顿饭付费，而且在账单中完全包含了整个服务。❶ 按照这样的理解，营利性机构所进行的表演，均不能看作免费表演。

10. 室外公共场所艺术品的复制

室外公共场所艺术品的复制，是指对设置或者陈列在室外公共场所的艺术作品通过临摹、绘画、摄影、录像等方式进行复制。

《著作权法》之所以将室外公共场所艺术品的复制规定为合理使用，一方面是因为这些艺术品本身就具有公益性质，另一方面，如果要求复制这些室外艺术品的人都去征得著作权人的同意和支付报酬，实际上也无法做到。因此，《伯尔尼公约》和世界上大多数国家都肯定了这种情形下的

---

❶ Paul Goldstein. Goldstein on Copyright ［M］. 3rd Ed. Volume Ⅱ. Aspen Publisher Wolters Kluwer, 2007：324.

使用为合理使用。

这里的室外公共场所是指向不特定公众开放的场所，既包括身体可以自由到达的场所，如公园、海滩、公路、城市广场等，也包括视线可以自由到达的场所，如汽车的车身、飞机的机身、建筑物的外墙或屋顶等。艺术品主要指雕塑作品、绘画作品、摄影作品等。《最高人民法院关于审理著作权民事纠纷案件适用法律若干问题的解释》第 18 条规定，著作权法规定的室外公共场所的艺术作品，是指设置或者陈列在室外社会公众活动处所的雕塑、绘画、书法等艺术作品。也就是说，如果是在图书馆、博物馆等室内场合陈列的室内艺术品就不能受此限制。但是在英国等国家，只要是永久性地陈列在公共场所或向公众开放的场合中，无论是室内还是室外均可适用合理使用规则。

使用的方式是对艺术作品进行临摹、绘画、摄影、录像。这些行为中以不直接接触的复制行为为主，而不包括直接接触的拓印行为。实际上，临摹、绘画、摄影、录像等行为是公众自由进行公共文化生活的必要形式，如果从事这些行为也需要征得著作权人同意，不仅会妨碍正常的公共文化产品的自由利用，也是不现实、不效益的要求。

在通过合理使用完成对艺术作品进行临摹、绘画、摄影、录像之后，行为人能继续以合理方式使用其成果。根据《最高人民法院关于审理著作权民事纠纷案件适用法律若干问题的解释》的规定，对于艺术作品的临摹、绘画、摄影、录像人而言，还可以对其成果以合理的方式和范围再行使用，不构成侵权。这里的合理方式，应该是不损害权利人合法利益，不与作品的正常使用相竞争的方式。如将其搬上银幕或电视时，仅限于以其作为背景或主题的附属部分，将其制作在图书或商业性影片中也应征得作者同意并支付报酬。如果将雕刻、雕塑等三维艺术作品复制到平面载体上之后，又通过"平面到立体的复制"，在其他地方建造相同的三维艺术作品或制作三维纪念品出售，以及将平面艺术品复制到酒店营业大厅的墙壁

上，也不属于"合理使用"。❶

我国《著作权法》没有对"陈列或设置"的时间作出规定。许多国家认为，只有长期陈列或设置在室外公共场所的艺术作品才受此限制。如果是短期陈列或设置的，使用时仍应征得作者同意并支付报酬。❷

11. 翻译成少数民族语言文字作品

翻译成少数民族语言文字作品，是指将中国公民、法人或者其他组织已经发表的以汉语言文字创作的作品翻译成少数民族语言文字作品在国内出版发行，以及通过网络向中国境内少数民族提供。

这样规定是为了增加少数民族获得信息和受教育的机会，促进少数民族的社会经济发展和教育、文化以及科学技术的进步。但是，法律对这种使用方式有较严格的限制条件：一是使用的对象仅限于中国公民或组织的汉语作品，既不包括外国人的作品，也不包括中国公民或组织的其他语言文字作品。二是只能是将汉族语言文字翻译成少数民族语言文字作品。法律上允许将已发表的汉族文字作品翻译成少数民族文字作品在国内出版发行作为合理使用，这有利于在少数民族地区推广先进的文化和科学技术知识，促进少数民族地区经济发展和繁荣。如果反过来，将少数民族语言文字翻译成汉语言文字，就需要征得权利人同意。三是使用的范围仅限于境内，不包括外国和港、澳、台地区。

12. 向阅读障碍者提供已经发表的作品

向阅读障碍者提供已经发表的作品，是指将已经发表的作品改成阅读障碍者能够感知的无障碍方式出版，以及不以营利为目的而通过网络以盲人能够感知的独特方式向盲人提供已经发表的文字作品。

阅读障碍者能够感知的无障碍方式通常是指盲文，盲文是一种文字符号系统，从任何一种文字转化为盲文，都是一种翻译行为。翻译他人已发表作品，应当取得著作权人的许可，但是盲人是身体残疾者，作为一类弱势群体理应受到法律的关怀。

---

❶ 王迁. 著作权法学 [M]. 北京：北京大学出版社，2007：221.

❷ 冯晓青. 著作权法 [M]. 北京：法律出版社，2010：168.

需要注意的是，与第 11 种合理使用情形不同，这里的作品并没有范围限制，无论著作权人是中国人还是外国人，也不论作品是何种语言文字，均可以制作成盲文出版，也不论出版是否具有营利目的，但如果通过网络以盲人能够感知的方式向盲人提供作品则不能以营利为目的。

（四）著作权法定许可

法定许可，是指根据法律的直接规定，以特定方式使用他人已发表的作品，可以不经著作权人许可，但应按规定向其支付报酬，并不得侵犯著作权人其他权利的一种制度。

法定许可与合理使用是既有联系又相互区别的两种著作权限制制度。相同点主要体现在：（1）使用者的目的在于维护社会公共利益，促进作品传播和流通；（2）使用的作品一般是他人已发表的作品，特殊情形下才可以是未发表的作品；（3）使用他人作品均无须征得权利人的许可。法定许可与合理使用的区别在于：（1）主体不同。法定许可的使用者只能是录音制作者、广播电视台和报刊等，而合理使用无主体范围的限制，只要符合合理使用条件，任何人都可以使用作品。（2）报酬支付不同。法定许可使用须向权利人支付合理报酬，而合理使用无须支付报酬。（3）权利人声明的限制不同。适用法定许可使用时，若权利人声明不许使用的则不得使用，而合理使用一般无此条件的限制，无论权利人是否声明，都可以合理使用作品。❶

法定许可包括以下几种情形。

1. 报刊转载的法定许可

报刊转载的法定许可，是指当某一作品在报刊上发表以后，其他报刊可以不经著作权人许可而转载其作品或者将其作品作为文摘、资料刊登在其他报刊上。

转载，是指原封不动或不涉及实质内容的略有改动后刊登；作为文摘、

---

❶ 梅术文 . 著作权法：原理、规范和实例［M］. 北京：知识产权出版社，2014：262.

资料刊登，是指对原文主要内容进行摘录、缩写后刊登。该种法定许可主要是对文字作品复制权的限制，旨在通过为报刊转载作品提供便利，使优秀的作品能够迅速传播，满足公众的文化需求。

值得注意的是，第一，享有法定许可使用权的主体，是国家批准的报纸和期刊。图书出版机构不能享有法定许可豁免。在当前比较普遍的以书代刊市场上，只要是以出版社出版书籍的形式进行，就不能适用法定许可规则对已经发表的作品进行转载摘编。也就是说，如果这些书籍中收录已经发表的作品，必须要征得著作权人的同意并支付报酬。另外，最高人民法院《关于审理涉及计算机网络著作权纠纷案件适用法律若干问题的解释》中曾规定，在网络上转载、摘编他人已经发表的作品，如支付了报酬的，不构成侵权。但后来这一规定被删除，《信息网络传播权保护条例》中也没有类似规定。这就意味着，网络媒体不能享有法定许可豁免。无论是网络媒体到网络媒体、网络媒体到纸质报刊，还是纸质报刊到网络媒体，都不能采取法定许可规则进行转载、摘编。第二，著作权人未作出禁止转载和摘编的声明。著作权人可以在发表作品时通过声明的形式，径行排除其他期刊进行转载或摘编。根据《著作权法》第 35 条的规定，作品刊登后，除著作权人声明不得转载、摘编的外，其他报刊可以转载或者作为文摘、资料刊登，但应当按照规定向著作权人支付报酬。需要指出的是，在未有特别约定和授权的情况下，首次登载的报刊社没有权利禁止其他报刊社进行转载、摘编。首先，报刊社的单方面禁止转载、摘编的声明不具有法律效力。其次，报刊社禁止一稿多投的声明也只是获得首发权，而并不意味着能够禁止转载、摘编。再次，每个著作权人应报社、杂志社要求，在文章发表时作出禁止转载、摘编的声明，具有相应的法律效力。最后，著作权人与报社、杂志社签署专有使用权合同后，报社、期刊社发表专有使用许可声明，将起到阻止其他报纸、期刊转载的作用。第三，转载和摘编不需要征得权利人许可，但应该自使用该作品之日起 2 个月内向著作权人支付报酬。具体报酬标准，由国务院著作权行政管理部门会同国务院价格主管部门制定、公布为准。

2. 制作录音作品的法定许可

制作录音制品的法定许可，又称为机械复制权的法定许可，是指录音制作者在制作录音制品时，可以不经著作权人许可而直接使用他人已经合法录制为录音制品的音乐作品。

制作录音制品法定许可的出现是为了防止唱片公司对音乐作品的垄断。同时，考虑到录音制品可以将多部作品容纳在一个储存介质中，如果让每一个录音制作者都逐一取得所有著作权人的许可，不利于作品的传播。

我国《著作权法》第42条第2款规定："录音制作者使用他人已经合法录制为录音制品的音乐作品制作录音制品，可以不经著作权人许可，但应当按照规定支付报酬；著作权人声明不许使用的不得使用。"这就表明，第一，制作录音制品的法定许可只限于音乐作品，曲艺、诗歌朗诵等文字作品即使被合法录制，也不属于法定许可的范畴。第二，此种法定许可限制的是音乐作品著作权人的机械复制权，而不包括表演者和录音制作者的复制权和发行权。通俗地说，该种法定许可使用的只是词曲本身，使用人如要制作录音制品，还需自己聘请乐队、歌手来表演，直接翻录他人作品仍然构成侵权。第三，许可使用的音乐作品仅限于已经合法录制的作品，尚未授权录制而在网络非法传播的作品，或者在报刊上发表的作品，未经许可均不得使用。第四，著作权人声明不许使用的不得使用。

3. 播放作品和录音制品的法定许可

播放作品和录音制品的法定许可，是指广播电台、电视台可以不经著作权人许可而直接播放他人已经发表的作品或者已经出版的录音制品。

根据法律规定，适用该项法定许可必须符合以下条件：第一，法定许可的客体类型不包括未发表作品、电影作品和录像制品。只有已经发表的电影作品以外的作品类型和录音制品，才能成为法定许可的对象。第二，法定许可的主体只能是广播电台、电视台，而不能包括数字广播电视、网络服务提供者、网络媒体、手机媒体和其他的公共营业场所。第三，播放行为不仅包括初始广播，而且指向广播电台、电视台以无线或者有线的方式进行的首播、重播和转播。第四，播放者向权利人支付报酬。2009年11

月 17 日，国务院颁布的《广播电台电视台播放录音制品支付报酬暂行办法》规定，自 2010 年 1 月 1 日起，广播电台、电视台未经著作权人许可播放已经出版的录音制品的，需向著作权人支付报酬。该办法依据此精神，确立了广播电台、电视台的具体付费办法，是我国广播权法定许可制度建设中一个具有重要意义的事件。

4. 编写出版教科书的法定许可

编写出版教科书的法定许可，是指在编写出版特定的教科书时，可以不经著作权人许可而在教科书中直接使用他人已经发表的特定作品。

此种法定许可的适用范围较广，不仅限制著作权人的汇编权、复制权和发行权，还限制出版者的专有出版权，广播电台、电视台对其所播出节目的复制权，以及表演者、录音录像制品对其表演和制品的复制权、发行权。

值得注意的问题是：第一，教科书的范围。我国教科书种类较多，其中只有为实施九年制义务教育和国家教育规划而编写出版的教科书，才可以采取法定许可规则。这里所称的九年制义务教育教科书和国家教育规划教科书，是指为实施义务教育、高中阶段教育、职业教育、高等教育、民族教育、特殊教育，保证基本的教学标准，或者为达到国家对某一领域、某一方面教育教学的要求，根据国务院教育行政部门或者省级人民政府教育行政部门制定的课程方案、专业教学指导方案而编写出版的教科书。教科书不包括教学参考书和教学辅导材料。第二，法定许可的客体类型。根据《教科书法定许可使用作品支付报酬办法》第 3 条的规定，能够汇编进入教科书并适用法定许可的客体类型，是已经发表的作品片段或者短小的文字作品、音乐作品或者单幅的美术作品、摄影作品。作品片断或者短小的文字作品，是指九年制义务教育教科书中使用的单篇不超过 2000 字的文字作品，或者国家教育规划（不含九年制义务教育）教科书中使用的单篇不超过 3000 字的文字作品。短小的音乐作品，是指九年制义务教育和国家教育规划教科书中使用的单篇不超过 5 页面或时长不超过 5 分钟的单声部音乐作品，或者乘以相应倍数的多声部音乐作品。第三，作者未事先发表不许使用的声明。如果著作权人和邻接权人已经发表不许使用的声明，则不能未经许可使用该作品。第四，向权利人支付报酬。教科书出版发行存续期间，教科书汇编者应当按照规定每年向著作权人支付一次报酬。报酬自教科书出版之日起 2 个月内向著作权人支付。根据《教科书法定许可使用作品支付报酬办法》第 4 条的规定，教科书汇编者支付报酬的标准如下：（1）文字作品，每千字 300 元，不足千字的按千字计算；（2）音乐作品，每首 300 元；（3）美术作品、摄影作品，每幅 200 元，用于封面或者封底的，每幅 400 元；（4）在与音乐教科书配套的录音制品教科书中使用的已有录音制品，每首 50 元。支付报酬的字数按实有正文计算，即以排印的版面每行字数乘以全部实有的行数计算。占行题目或者末尾排印不足一行的，按一行计算。诗词每 10 行按 1000 字计算；不足 10 行的按 10 行计算。非汉字的文字作品，按照相同版面同等字号汉字数付酬标准的 80% 计酬。使用改编作品编写出版教科书，按照规定确定报酬后，由改编作品的作者和原作品的作者协商分配，协商不成的，应当等额分配。使用的作品有两个或者两个以上作者的，应当等额分配该作品的报酬，作者另有约定的除外。

延伸阅读：陈某诉人民教育出版社侵犯著作权纠纷案

陈某为《拐弯处的回头》一文的作者。该文发表于 1996 年，约 400 字，后多次刊载于报纸杂志，并自 2004 年起被收录于小学《语文》、初中《思想品德》等义务教育教科书。2005 年 6 月，人民教育出版社在未经许可，也未署名的情况下，将该文改名为《父爱，在拐弯处》，并使用于《教师教学用书》（《语文》五年级上册）中。陈某认为人民教育出版社的行为侵犯了自己的修改权、署名权、保护作品完整权和获得报酬权，遂向法院起诉，请求判令被告停止发行侵权教学用书。但是人民教育出版社辩称，其编写的《教师教学用书》是义务教育课程标准实验教科书《语文》（五年级上册）的拓展阅读辅助用书，属于教科书，属于我国《著作权法》规定的法定许可，无须取得作者授权即可使用。

那么，人民教育出版社的行为是否构成法定许可呢？

从该案的事实来看，《教师教学用书》并非用于课堂教学，而且其收录原告的作品是为了拓展阅读，并非教学所必需。所以，被告的行为不符合法定许可的条件，属于侵权。同时，被告使用原告的作品没有署名，并擅自更改文章标题，侵犯了著作权人的署名权和修改权。

5. 制作课件的信息网络传播权法定许可

《信息网络传播权保护条例》规定，为通过信息网络实施九年制义务教育或者国家教育规划，可以不经著作权人许可，使用其已经发表作品的片段或者短小的文字作品、音乐作品或者单幅的美术作品、摄影作品制作课件，由制作课件或者依法取得课件的远程教育机构通过信息网络向注册学生提供，但应当向著作权人支付报酬。这表明，"编写出版教科书法定许可"已经从传统环境延伸到数字环境。为了实施九年制义务教育或者国家规划教育，著作权人、表演者、录音制作者的信息网络传播权将同样受到限制。这被称为制作课件的信息网络传播权法定许可。

依据上述条文的规定可知，制作课件的信息网络传播权法定许可的构成条件包括：（1）权利主体，是实施九年制义务教育或者国家规划教育的课件制作者或者依法取得课件的远程教育机构。（2）能够在网络上传播的作品，是被制作在课件中的已经发表作品的片段或者短小的文字作品、音乐作品或者单幅的美术作品、摄影作品。（3）该课件只能向注册学生提供。为了满足这一条件，《信息网络传播权保护条例》规定，在网络远程教育中使用该课件的教学机构应当采取技术措施，防止服务对象以外的其他人获得著作权人的作品。

6. 扶助贫困的准法定许可

扶助贫困的准法定许可，是指在遵循一定程序和著作权人无异议的前提下，网络提供者可以通过信息网络向农村地区的公众免费提供他人已经发表的与扶助贫困有关的特定作品。

《信息网络传播权保护条例》第9条规定："为扶助贫困，通过信息网络向农村地区的公众免费提供中国公民、法人或者其他组织已经发表的种植养殖、防病治病、防灾减灾等与扶助贫困有关的作品和适应基本文化需求的作品，网络服务提供者应当在提供前公告拟提供的作品及其作者、拟支付报酬的标准。自公告之日起 30 日内，著作权人不同意提供的，网络服务提供者不得提供其作品；自公告之日起满 30 日，著作权人没有异议的，网络服务提供者可以提供其作品，并按照公告的标准向著作权人支付报酬。网络服务提供者提供著作权人的作品后，著作权人不同意提供的，网络服务提供者应当立即删除著作权人的作品，并按照公告的标准向著作权人支付提供作品期间的报酬。"

从该条规定来看，它所要求的公告制度，并没有剥夺著作权人释出许可的权利，只是为了操作上的简单以公告的方式寻求著作权人的授权，并按照标准支付相应的报酬。如果著作权人在法定的 30 天内没有提出反对意见，则视为释出了默示的许可。❶ 在公告期满，权利人也可以提出异议，并要求网络服务提供者立即删除作品。这样的制度设计，并不完全等同于通常意义上的法定许可，有学者称为准法定许可。❷ 本质上而言，它是一种默示许可，可称为扶助贫困的信息网络传播权默示许可。❸

依照《信息网络传播权保护条例》，该项默示许可制度的构成要件是：（1）使用作品的目的要件。构成默示许可使用的基本目标，就是要通过这些作品的默示许可，达到扶助贫困的目的。（2）默示许可的作品类型。被使用作品的权利主体是中国公民、法人或者其他组织，被使用的作品是已经发表的种植养殖、防病治病、防灾减灾等与扶助贫困有关的作品和适应基本文化需求的作品。（3）默示许可的行为表现为权利人未对被许可人的公告提出异议。网络服务提供者必须先以公告程序公示 30 天，在权利人未有异议的情况下方可在互联网上向公众提供。一旦权利人不同意提供，网络服务提供者应当立即删除著作权人的作品。（4）默示许可的后果。被许

---

❶ 李明德．信息网络传播权保护条例剖析［J］．台湾科技法律与政策论丛，2007（2）.

❷ 王迁．著作权法［M］．北京：北京大学出版社，2007：224.

❸ 梅术文．信息网络传播权默示许可制度的不足与完善［J］．法学，2009，6.

可人经由默示授权可以通过信息网络传播作品，权利人可以行使报酬请求权而不是损害赔偿请求权。换言之，在基于扶助贫困的许可中，权利人并没有失去报酬请求权，只不过以制度的形式推定其已经默示许可网络服务提供者提供自己的作品，但是依然可以向网络服务提供者行使报酬请求权。这也意味着即使是在权利人自己不同意提供作品的情形下，其也不享有损害赔偿请求权，而只能按照公告的标准获得作品被提供期间的报酬。❶ 例如，网络服务提供商 A 在 2020 年 10 月 1 日将拟上传的作品及其作者 B、拟支付报酬的标准等事项予以公告，因为没有收到异议，所以该作品于 2020 年 11 月 1 日被上传到互联网上。实际上之所以没有异议，是因为著作权人 B 一直未关注该网站，直到 2021 年 5 月 1 日才发现并提出异议。那么，按照法律的规定，A 在 2020 年 11 月 1 日至 2021 年 5 月 1 日期间将 B 的作品公开的行为并不构成侵权，B 只能行使报酬请求权，而不能要求损害赔偿。

基于上述规定，在扶助贫困的许可中可能会发生以下三种不同的情况：（1）在公告期间，作者响应并许可的，属于普通授权许可；（2）网络服务提供者公告后没有收到权利人异议并上传作品的，是默示许可；（3）作品经由默示许可传播后，作者不同意提供作品的，网络服务提供者应当撤销作品的上载，但是对于已经上载作品的行为不能认定为侵权行为，权利人只能行使报酬请求权而不是损害赔偿请求权。由此可见，扶助贫困默示许可不同于法定许可之处，正在于它没有免除作品提供者取得许可的义务，而只是改变了取得许可的方式，把通常通过个别约定取得许可的方式，规定为可以通过公告的方式、借助权利人无异议行为的默示方式取得许可，网络服务提供者行使信息网络传播权在实质上还是通过授权许可取得。因此，基于扶助贫困的许可只是为方便向农村提供作品而设定的特别许可制度，可以说是对著作权制度的一种创新。❷

值得注意的是，该条例规定了使用人不得直接或间接获得经济利益，

---

❶ 梅术文. 著作权法：原理、规范和实例［M］. 北京：知识产权出版社，2014：274.

❷ 吴汉东. 中国知识产权蓝皮书（2005～2006）［M］. 北京：北京大学出版社，2007：359.

这就在法律层面上将此种法定许可使用的行为限定为公益行为。

（五）著作权强制许可

强制许可，是一种"非自愿许可"的情形，是指在著作权人无正当理由而拒绝与使用者达成使用作品协议情况下，使用者经向著作权行政管理部门申请并获授权而使用该作品。强制许可不必征得权利人的同意，但应向其支付报酬。从目前规定强制许可的立法例上看，它主要有两种类型。

第一种类型是在《伯尔尼公约》和《世界版权公约》中规定的著作权强制许可。根据规定，发展中国家著作权主管机关享有向申请人颁发翻译或复制外国作品的强制许可证的权力。由于程序过于复杂，条件过于严格，因此向这两个公约的主管机构——世界知识产权组织和联合国教科文组织递交通知书，宣布要求享有此种优惠的国家并不多见。由于我国已经加入《伯尔尼公约》和《世界版权公约》，故公约中有关强制许可的规定也可引用，但须具备几个条件：（1）出于文化教育或科研目的，在满足复制和翻译条件的情形下向著作权人请求授权，但是著作权人无正当理由拒绝授权。（2）使用者为发展中国家成员，被使用的作品为外国作品。（3）使用者向著作权主管机关提出申请。政府主管部门经过审查后认为使用者符合相应条件的，作出强制许可的裁定。（4）使用者享有非专有使用权，应该按照裁定的内容向著作权人支付报酬。

第二种类型是由于国内没有法定许可制度，而通过强制许可实施的类似法定许可的制度。例如，《日本著作权法》规定："商业录音制品首次在国内销售并自首次销售之日起满3年的，希望得到该商业录音制品中的著作权人许可将该商业录音制品中已经录制的音乐作品进行录音以制作其他商业录音制品的人，请求与著作权人达成录音并通过转让该录音向公众提供的协议，但未达成协议或者无法进行协议的，经过文化厅长官裁定，并且向著作权人支付了文化厅长官规定的相当于一般使用费的补偿金的，可以对该音乐作品进行录音并通过转让该录音向公众提供。"从立法意旨上看，日本法中制作录音制品的强制许可规则与我国《著作权法》规定的制作录音制品法定许可规则具有相同的立法目的，可以达到相同的法律效果。同时，许可决定和补偿费用等都不具有可诉性；不论是否借助集体管理组织转付，各国在费用收取的标准确定上并无实质不同，即由行政机构制定付费标准。但在具体制度要求上，二者还是存在一定差异。一般来说，强制许可中往往要求使用者和权利人先期进行谈判，同时还可能要求使用者必须履行一定的备案程序。而在法定许可下并不要求先行谈判和履行备案、审查程序。

（六）著作发行权权利穷竭

发行权的权利穷竭，也称为发行权一次用尽或首次销售原则，是指当作品原件或复制件经过著作权人同意永久性进入市场后，著作权人无权再控制作品的销售或者赠与。也就是说，作品载体的首次销售或赠与由著作权人控制，二次销售不能由著作权人控制。❶

发行权权利穷竭原则具有三个方面的功能：首先，它是促进有形商品自由贸易的重要制度保障。如果著作权人能够多次控制作品的发行行为，将会导致作品载体的每一次流通都必须征得作者同意，不仅增加商品流通成本，而且在作者不同意的情形下就只有中断市场交易，从而会造成市场的分割。其次，它是保障所有权人利益的必要途径。在作品之上往往存在作品的载体，在通常情形下，作品载体的所有权人控制该物品的占有、使用、受益和处分，而作品的著作权人则控制对作品的复制、发行、传播和演绎。在所有权人和著作权人控制的行为中具有交叉和冲突的情形，集中表现为作品载体的发行。为了协调所有人和著作权人的利益，发行权穷竭原则有效地达致一种微妙的平衡。最后，它也是保障消费者利益的法律举措。消费者进行文化消费的基本途径是通过获取作品载体的方式，在阅读、欣赏的基础上满足个人的精神需求。消费者接近作品的方式可以多样化，包括一次市场、二次市场、赠与、交换等多种形式，如果著作权人可以控制作品的二次销售，消费者接触信息的多元化将受到著作权人私权的审查，这无异于侵害了消费自由。

---

❶ ［美］阿瑟·米勒，迈克尔·戴维斯. 知识产权法概要［M］. 周林，刘清格，译. 北京：中国社会科学出版社，1998：215.

发行权权利穷竭的具体条件包括以下方面：第一，权利穷竭原则所适用的权利仅限于发行权。权利穷竭只是针对售卖、赠与等处置著作权作品复制件的发行权，而非复制权、传播权或者演绎权等其他权利。例如，通过电视广播和信息网络提供某一电影节目，不发生权利穷竭问题。第二，在规定出租权的情形下，出租权构成对权利穷竭的限制。根据我国《著作权法》的规定，电影作品和以类似摄制电影方式创作的作品、计算机软件的著作权人和录音制品制作者享有出租权。例如，《著作权法》第44条规定，"录音录像制作者对其制作的录音录像制品，享有许可他人复制、发行、出租、通过信息网络向公众传播并获得报酬的权利。"这就意味着作品原件或者复印件的所有权人不得出租这类作品，否则就构成对著作权的侵犯。第三，权利穷竭一般存在地域上的要求。一般来说，发行权会在国内市场范围内发生穷竭。但是，它是否导致国外市场发行的作品出现权利穷竭，则存在不同的立法体例，需要参照当地法律规定判定具体实施标准。

第二节　著作权登记管理

一、著作权登记的概念

著作权登记是指作者或其他利害关系人为了确认或取得著作权所履行的登记手续。从国际上来看，著作权原始取得包括两种制度：自动获得著作权制度与登记取得著作权制度。如若是登记取得著作权制度，作者必须要到登记机关履行登记手续，方能获得著作权。如若是自动获得著作权制度，著作权无须登记自动取得，但是进行著作权财产权的交易时，仍然须将当事人之间订立的著作权变更合同到指定的机关进行登记，未经登记将对有关权利的行使有所影响。

著作权登记制度起源较早，16世纪英国天主教皇圣玛利亚宪章确认了文具商公司享有印刷出版的独占权，印刷出版图书可由公司授权，但是必须在公司登记，1701年出现了授予著作权的记载，且必须经登记才能获得授权印书，这也是著作权登记最早的雏形。1709 年，英国颁布了《安娜女王法令》，正式对著作权登记制度进行了规定，即作品完成后要取得著作权需要在书籍业行会的登记簿进行注册登记，也就是说对于已出版的作品只有进行登记以后才能取得法律保护。此后，众多英美法系和大陆法系的国家都在自己的著作权立法中增加了著作权登记制度。

这种基于著作权原始取得的登记制度在历史上起到过一些作用，例如在一定程度上有利于权利人身份确认。但是这种制度也存在一定的弊端，尤其是对外国作品的登记要求过于严格，保护力度不足。基于此，许多国家开始实施一种另类的登记制度，即在著作权的原始取得上采用自动取得原则，无须登记手续，而在著作权变动时采取著作权登记制度。

二、著作权登记的种类

按照法律效果的不同，著作权登记可以划分为生效登记、对抗登记和初步证明登记。

第一，生效登记。即登记行为是著作权当事人权利状态产生或发生变化的法律要件。比如，著作权出质登记，以著作权中的财产权出质的，出质人与质权人订立书面合同应当到登记机关进行登记。著作权质押合同自《著作权质押合同登记证》颁发之日起生效。

第二，对抗登记。著作权人权利状态并不取决于登记行为，但未登记会对权利的完整性有所影响，即缺乏对抗第三人的效力。比如，著作权转让合同、专有许可合同登记，合同登记后才取得对抗第三人的效力。

第三，初步证明登记。即登记不影响著作权当事人著作权利状态，不产生任何著作权法上的效果，仅是审查申请材料，符合要求则为其登记发证，产生证据法上初步证明的作用。比如，作品的自愿登记，作品著作权自动产生，登记并不对既有著作权利状态及完整性产生影响，其法律意义仅在于对既有权利的一种证明。

三、著作权登记的重要性

第一，著作权登记有助于著作权产业发展。著作权保护涉及新闻出版、广播影视、文化娱乐、教育科研、网络服务、计算机软件、工艺美术等众多领域。随着数字技术、网络传输等高新技术的发展和在社会领域的广泛应用，著作权产业在我国的经济体系中所占比重快速提升，正逐渐成为我国经济新的增长点。为了更好地适应和满足我国著作权产业快速发展的现状，必须进一步完善著作权登记的法律属性，加大对著作权登记的法律宣传，为著作权产业有序发展保驾护航。

第二，著作权登记有助于保护著作权人的合法权益。根据我国法律规定，著作权自作品创作完成之日起产生。即作品完成，著作权就自动产生，著作权依法或依合同归属于谁，谁就拥有著作权。故作品无论是否进行了著作权登记，作者都对法律规定的作品享有著作权。著作权登记是权利人对作品的人身权（如署名）、财产权（如转让权、收益权）的一种法律确认。在发生著作权纠纷时，《著作权登记证书》是主张权利的有力武器，可以维护作者或其他著作权人和作品使用者的合法权益，作为权利的初步证明，同时也是向人民法院提起诉讼，请求司法保护的前提。需要注意的是，著作权作品登记证书仅仅是作为确认著作权归属的证据，该证据可以被推翻，在著作权登记证书登记的权利人与完成作品创作的作者不一致的情形下，应依据上述法律规定或者合同约定确定该作品的著作权人。

第三，著作权登记有助于激发权利人和作者的创作热情。相关登记机关为权利人和作者提供证明文件，可以为权利人和作者在打击侵权盗版行为中起到重要的初步证据作用。更重要的是，公民通过著作权登记，可以进一步提高对著作权的认识，增强自身的著作权保护意识，与此同时，作品著作权登记工作也为促进作品使用、广泛传播、维护正常的经济秩序发挥了积极、重要的作用，在此过程中，可以促使权利人和作者焕发出更高的创作热情。

四、作品登记

近年来，社会上对著作权登记的重要性一直认识不清，总认为著作权登记不是必需的法定程序，不值得重视。而在实践中，不论是传统的"手稿"还是现代电脑创作的作品，创作者都很难证明某个作品具体产生于哪一个时间哪一个地点，一旦发生侵权纠纷，权利归属鉴定非常困难。因此，相关作品在进行商业化运作之前，做好著作权登记或备案以保留权利归属的初步证据还是很有必要的。

作品登记作为作品初步确权的主要方式，对于迅速发展中的我国著作权市场而言，在提供著作权权属证明、降低交易成本和克服"孤儿作品"保护难题等方面都有着重要作用。近年来，我国作品登记在规范化、标准化和信息化等方面取得重要新进展，登记数量连续增长，2019年全国登记总量达418.65万件，相较于2018年同比增长21.09%。❶

（一）我国作品登记采"自愿"原则

《中华人民共和国著作权法（2020修正）》于2021年6月1日开始实施，第2条规定："中国公民、法人或者其他组织的作品，不论是否发表，依照本法享有著作权。"第12条第2款对作品登记作出规定："作者等著作权人可以向国家著作权主管部门认定的登记机构办理作品登记"。由此可见，我国著作权自作品创作完成之日起产生，作品登记是作者或权利人的自愿行为。

我国对于一般性作品权属登记的具体规定体现在《作品自愿登记试行办法》中，该办法由国家版权局发布，属于部门规章。在新著作权法增加对作品登记的一般性规定之时，为具体实现著作权法的内容，部门规章应当及时更新以适应上位法的变化，但《作品自愿登记试行办法》自1995年1月1日开始实施后并未进行更新。现在，各地著作权登记机构仍然适用《作品自愿登记试行办法》为申请人完成作品登记，鉴于该办法内容较为抽象，部分省份版权局自行制定规则规范作品登记程序。例如，广东省版权局制定的《作品自愿登记手续》第3条规定：申请人在申请作品登记时，应当提交登记申请书、登记表等材料各一份。每对一件作品申请登记

---

❶ 国家版权局：全国著作权2019年登记总量超418万件同比增21.09%［EB/OL］. (2020-03-26)［2021-09-15］. https：//baijiahao.baidu.com/s? id=16622174889307 62414&wfr=spider&for=pc.

时，必须分别提交有关证明和材料成为申请人必须完成的程序。

（二）作品登记可以作为初步证据

《作品自愿登记试行办法》第1条规定："为维护作者或其他著作权人和作品使用者的合法权益，有助于解决因著作权归属造成的著作权纠纷，并为解决著作权纠纷提供初步证据，特制定本办法。"《最高人民法院关于审理著作权民事纠纷案件适用法律若干问题的解释》第7条规定："当事人提供的涉及著作权的底稿、原件、合法出版物、著作权登记证书、认证机构出具的证明、取得权利的合同等，可以作为证据。"由此可见，虽然作品的著作权并不是一定需要登记才能产生权利，但是在真正遇到著作权侵权纠纷的情况下，有没有作品著作权登记证就大不一样。因为作品登记可以成为证明作品著作权的最初级的证据。

当然，作品登记在作为证据使用的过程中也有其弊端。主要原因在于著作权登记部门在接受作品的著作权登记的过程中，并没有通过严格的实质审查，基本上不进行"原创性"审查，主要还是以"自述"为原则，且目前为止，各地区各机构的著作权登记信息并未相互连通，无法对作品信息的"新颖性"进行有效审查。因此，在实际运作中，有时会出现同一个作品，被不同的机构或个人做了多次著作权登记，并取得作品著作权登记证书。

如何强化作品登记的证据效力作用呢？关键的是在作品创作完成之后，尽快进行著作权登记。因为一般著作权登记证上会刊载三个时间：第一个是作品完成时间，第二个是作品发表时间，第三个是作品登记时间。其中"作品完成时间"和"作品发表时间"都是属于作品登记时候的"自述"，对证明作品创作时间并没有实际意义，而作品登记时间才是证明创作时间的关键。例如，甲将一部小说进行作品登记，甲声称自己是小说作者，该小说创作于2年前，但实际上小说的作者和创作时间根本没办法进行实质证明。但可以证明的是，甲在将这篇小说进行著作权登记的时候，这篇小说已经完成，且甲掌握该小说的所有文稿。由此可见，做好著作权登记或者备案，关键在于登记或备案的时间。登记或备案得越早，与创作的时间越接近，越能够有效证明。

（三）多元化的著作权登记或备案渠道

随着科技的发展，著作权登记的方式和程序也在不断更新变化。过去，只能通过著作权管理部门进行著作权登记，一个重要弊端就是费用较高，每个作品的著作权登记成本都需要好几百元。然而，随着我国著作权产业的发展，很多文化创意企业的作品都是海量，且都是为了商业化运营而创作开发的，如果每一件作品都进行著作权登记，著作权运营成本必然有所提高。我国文化创意企业多为处于起步阶段的中小企业，能够承受这种成本上升的企业仍为少数。

相比以前，现在进行著作权登记便捷很多。目前市场上陆续出现很多第三方著作权数字备案机构，主要做法是由作者或机构通过网络实现作品的在线传送、存储、认证，发放即时电子时间数字证书。在维权时可以提取备案的时间和内容，作为司法维权依据。例如，自2017年起，国内互联网企业纷纷布局基于区块链技术的著作权确权领域，推出如"图腾""原创馆""蚂蚁区块链"等区块链著作权登记平台。这种作品登记的特点是高效和海量，备案费用也很低廉，越来越受到作者和相关机构的欢迎，可望成为传统著作权登记渠道的有效补充。

与此同时，各地著作权管理部门也在改进与完善作品登记的制度与方式，在著作权登记的信息化方面，建立了数字化著作权登记平台。在登记费用方面，许多著作权管理部门开始推行作品登记"零费用"或仅收取登记维护成本价。作品登记逐渐向着数量多、效率高、成本低等方向发展，构成人工智能时代著作权登记的新发展、新形式和新增长点。

五、著作权质押登记

为规范著作权出质行为，保护债权人合法权益，维护著作权交易秩序，根据《中华人民共和国物权法》《中华人民共和国担保法》和《中华人民共和国著作权法》的有关规定，2010年10月19日国家版权局通过《著作权质权登记办法》，自2011年1月1日起施行。该行政规章成为我国规范著作权质押的重要行政规章。

《著作权法》规定的著作权以及与著作权有关权利中的财产权可以出质。以共有的著作权出质的，除另有约定外，应当取得全体共有人的同意。著作权质押的目的是通过质权合同产生一种担保物权。按照物权行为"公示公信"的原则，合同签订后，出质人和质权人必须共同向登记机构办理著作权质权登记。该登记手续可以自行办理，也可以委托代理人办理。著作权质权的设立、变更、转让和消灭，自记载于"著作权质权登记簿"时发生效力。

申请著作权质权登记的，应提交下列文件：（1）著作权质权登记申请表；（2）出质人和质权人的身份证明；（3）主合同和著作权质权合同；（4）委托代理人办理的，提交委托书和受托人的身份证明；（5）以共有的著作权出质的，提交共有人同意出质的书面文件；（6）出质前授权他人使用的，提交授权合同；（7）出质的著作权经过价值评估的、质权人要求价值评估的或相关法律法规要求价值评估的，提交有效的价值评估报告；（8）其他需要提供的材料。提交的文件是外文的，需同时附送中文译本。

申请人提交材料齐全的，登记机构应当予以受理。提交的材料不齐全的，登记机构不予受理。经审查符合要求的，登记机构应当自受理之日起10日内予以登记，并向出质人和质权人发放《著作权质权登记证书》。该证书包括以下内容：（1）出质人和质权人的基本信息；（2）出质著作权的基本信息；（3）著作权质权登记号；（4）登记日期。此外还应当标明：著作权质权自登记之日起设立。经审查不符合要求的，登记机构应当自受理之日起10日内通知申请人补正。补正通知书应载明补正事项和合理的补正期限。无正当理由逾期不补正的，视为撤回申请。登记机构办理著作权质权登记前，申请人可以撤回登记申请。

有下列情形之一的，登记机构应当撤销质权登记：（1）登记后发现有不予登记情形的；（2）根据司法机关、仲裁机关或行政管理机关作出的影响质权效力的生效裁决或行政处罚决定书应当撤销的；（3）著作权质权合同无效或者被撤销的；（4）申请人提供虚假文件或者以其他手段骗取著作权质权登记的；（5）其他应当撤销的。

有下列情形之一的，申请人应当申请注销质权登记：（1）出质人和质权人协商一致同意注销的；（2）主合同履行完毕的；（3）质权实现的；（4）质权人放弃质权的；（5）其他导致质权消灭的。申请注销质权登记的，应当提交注销登记申请书、注销登记证明、申请人身份证明等材料，并交回原"著作权质权登记证书"。登记机构应当自受理之日起10日内办理完毕，并发放注销登记通知书。

第三节　著作权经营管理

著作权的经营管理，是指著作权人通过转让、许可他人使用等方式对作品进行经营管理而获取报酬，以实施著作权的行为。著作权的经营管理，主要分为著作权人自己使用、许可他人使用和著作权的转让、质押等方式。其中，著作权人自己使用所占的比例相当小，获取的报酬额也有限；而质押虽然通过担保能够为著作权人获取融资，但这种方式本身并不产生报酬。因此，著作权人对著作权进行经营管理以获利的主要方式为著作权许可使用和转让。

一、著作权许可使用

（一）著作权许可使用的概念

著作权许可使用，是指著作权人授权他人在约定的时间和地域范围内，以约定的方式使用其作品，以获取报酬的行为。

著作权许可使用使著作权人在保留著作权归属的情况下可以获得报酬，是著作权人利用其作品的基本方式。尤其是在一些不允许著作权转让的国家，更是几乎成为唯一的方式。著作权许可既可以是著作权的整体许可，也可以是一项或几项权利的部分许可，实践中绝大多数都是一项或几项权利的部分许可，少有整体许可的实施。

（二）著作权许可使用的方式

根据我国《著作权法》及《著作权法实施条例》的规定，著作权许可分为专有许可和非专有许可。专有许可是指除非另有约定，著作权人授权被许可人以一定的方式使用作品后，其他任何人包括著作权人自己也不得再以同样的方式使用该作品，又称独占许可。非专有许可是指著作权人授权被许可人以一定的方式使用作品后，自己还可以同样的方式使用该作品，也可以授权其他人以同样的方式使用该作品，也称一般许可。

具体来说，专有许可与非专有许可的主要区别在于：（1）权利主体不同。独占许可中，只有被许可人有权在约定期限使用作品；独家许可中，权利人和被许可人均有权在约定期限使用作品；普通许可中，权利人可对被许可的权利再进行许可，权利人和多个被许可人有权在约定期限使用作品。（2）形式要件不同。许可使用的权利是专有使用权的，应当采取书面形式，但是报社、期刊社刊登作品除外。对于非专有许可，法律未作要求。（3）许可费用不同。专有许可的费用一般高于非专有许可使用费。

值得注意的是：第一，无论是专有许可还是非专有许可，被许可人都不必然具有分发"再许可"的权利，即被许可人未经著作权人同意，无权再许可他人使用该作品。被许可人如果要以被许可作品再许可给第三人，则还要获得原许可人的同意。第二，鉴于著作权及其领接权种类较多，著作权许可有时会出现授权不明的情况。对于许可合同中未明确约定许可使用的权利，被许可人不得行使。第三，要注意演绎权许可的特殊性。著作权人许可他人使用其作品创作演绎作品后，他人如果需以演绎作品为基础再创作演绎作品，则不仅要得到演绎作品的著作权人的许可，还要获得原作品的著作权人许可。

（三）著作权许可实务中应当注意的问题

著作权许可使用双方的权利义务主要靠合同来约定，对著作权人的财产权实现起着至关重要的作用。正是由于著作权许可使用合同的重要性，加上大量的自然人作者在缔约过程中往往处于弱势地位，世界上许多国家或者单独制定了著作权合同法，或者在著作权法中详细规定了著作权合同的内容。

根据我国《著作权法》的规定，专有使用许可除报社、期刊社刊登作品外，应当采取书面形式。现实中，各个报社、期刊社往往都公开了自己的约稿办法、作品刊登条件或付酬标准等类似于格式合同的文件，作者投稿即视为接受，这实际上也等于签订了书面合同。而《著作权法》并没有规定非专有许可使用合同的形式，应理解为既可以是书面形式，也可以是口头形式。但是，为了保护著作权人的权益，避免产生纠纷，建议非专有许可使用合同也尽量采取书面形式。

为了正确指导当事人签订著作权许可使用合同，明晰当事人的权利义务，避免和减少合同纠纷，我国《著作权法》第26条规定了著作权许可使用合同应具备的主要条款，主要包括以下几个方面。

（1）许可使用的权利种类。合同首先必须明确被许可人使用作品的方式，是一项、多项或全部的著作财产权。许可使用的权利种类对被许可人来讲非常重要，因为法律规定，未明确授权的权利，被许可人不得行使。实践中，一些许可合同自行创设法律上并不存在的权利类型，容易产生不必要的纠纷，因此应为双方所避免。在"世纪龙信息网络有限公司诉合一信息技术有限公司"案中，原告虽然主张被告侵犯信息网络传播权，但不能主张权属证明。❶ 问题就出在世纪龙信息网络有限公司和权利人签订的授权书中，权利人仅将信息网络"点播权"许可给原告。显然，点播权并不能涵盖信息网络传播权。由此可见，许可人和被许可人最好根据著作权法所规定的使用作品的权利种类进行授权许可。

（2）许可使用的权利是专有许可或者非专有许可。因为两者的禁止权范围不同，被许可人的诉讼地位不同，报酬标准也相去甚远。如果约定不明确，一旦发生纠纷，法院通常只能认定为非专有许可。

（3）许可使用的地域范围、期间。许可使用的地域范围通常表现为被许可人在哪些地域可以出版、发行、表演、播放等。许可的地域一般以一个国家为界限，但对于诸如表演权等可以限制在更小的地域范围。例如《大长今》热播后的演唱权许可，香港地区由歌手陈某获得此歌在香港地

---

❶ 北京市海淀区人民法院民事裁定书（2008）海民初字第10776号。

区的演唱权，取名《希望》；大陆歌手汤某获得内地中文版演唱权和歌曲内地中文版的演唱权，取名《呼唤》；在台湾地区是张某得演唱权，取名《娃娃》。这是在中国内地和香港地区、台湾地区进行不同地域范围权利许可的实例。期间则是指许可使用的起止时间。一般以 5~10 年较为常见，永久性许可比较少见，如果是永久性许可，特别是许可的权利是专有的，则与权利转让的法律效果区别不大。

（4）付酬标准和办法。付酬标准在著作权许可使用合同中至关重要，它直接影响许可使用的目的能否实现。《著作权法》第 30 条规定："使用作品的付酬标准可以由当事人约定，也可以按照国家著作权主管部门会同有关部门制定的付酬标准支付报酬。当事人约定不明确的，按照国家著作权主管部门会同有关部门制定的付酬标准支付报酬。"根据《著作权法》的规定，付酬标准以约定优先，即首先由当事人约定，约定不明或者没有约定的，按照著作权行政管理部门制定的标准支付。由于作者的相对弱势地位，以及著作权市场的非常不确定性，许多国家都对作者的报酬权给予强制保护。

（5）违约责任。当事人应当在合同中约定一方违反合同时，另一方可以采取的补救措施、赔偿方法等。实践中，在赋予违约方的责任和守约方的权利时，需要考虑自己的期望值，将违约责任与期望值相对应，才可以最大限度地避免损失。

（6）双方认为需要约定的其他内容。合同双方可以根据不同的使用方式和双方的实际情况，对双方认为需要明晰的问题进行约定。如担保条款、保密条款、合同解除条款、争议解决条款等，只要双方达成一致，都可以成为合同的内容。

二、著作权转让

（一）著作权转让的概念

著作权转让，是指著作权人将自己所享有的著作财产权的一部分或全部，以合同方式永久性地转移给他人的行为。

　　著作权转让是对著作权本身的处分，也是著作权脱离作者归属他人所有，一旦转让，则意味着著作权人永久丧失其原有的权利，受让人则成为新的著作权主体，其不仅有权自己使用作品，还可以许可他人使用或再转让给他人。

　　著作权转让与著作权许可的相同点在于：第一，二者所能够利用的著作权类型，限于著作财产权的范围。原则上讲，著作人身权不可转让，也不能进行许可使用。我国《著作权法》第 31 条规定："出版者、表演者、录音录像制作者、广播电台、电视台等依照本法有关规定使用他人作品的，不得侵犯作者的署名权、修改权、保护作品完整权和获得报酬的权利。"第二，二者所能够利用的著作财产权，既可以是全部的财产权，也可以是将不同的著作财产权的权能进行部分的利用。既可以将财产权全部转让或许可给一个主体，也可以分别转让或许可给不同主体。第三，二者所能够利用的著作权应该是处于法定的保护期内的合法有效的权利。❶

　　著作权转让和著作权许可的区别主要有：第一，著作权的转让，受让人取得的是著作权，著作权归属随之发生转移。著作权许可使用不改变著作权的归属，被许可人取得的只是使用权，并不能成为著作权的主体。第二，著作权转让后，受让人取得相应著作权权利，可以对该权利自由处分。而在著作权许可使用中，被许可人只能在与许可人约定的方式、地域范围和期限内使用作品。第三，著作权转让中受让人支付的是获得著作权的价金。而著作权许可使用中被许可人支付的是著作权使用费。第四，著作权转让中，受让人已经成为著作权的权利人，可以对侵害其财产权利的行为均可提起侵权之诉。在著作权许可使用中，被许可人是否能因侵权纠纷提起诉讼需要分情况讨论，非专有使用权的被许可人不能以自己的名义提起诉讼，专有使用权的被许可人可以因专有使用权被侵害提起诉讼。

　　值得注意的是，作品著作权的转让并不意味着作品原件的物权也随之转让。如果受让人行使著作权需要使用作品原件，著作权人应当提供给其

---

❶ 梅术文 . 著作权法：原理、规范和实例［M］. 北京：知识产权出版社，2014：283.

使用，但使用完毕后应返还给著作权人。比如，作者将小说的出版权转让给出版商，出版商为了出版需要使用作者的手稿，作者应当提供，但出版商使用完毕后应将手稿返还给作者。同理，作品原件物权的转让也不意味着作品的著作权随之转让。比如，某人将其创作的一幅画转让给他人，并不意味着该幅画的著作权也转让给了他人。但值得注意的是，美术作品的原件转移，则该作品的展览权随之转移，这是一个例外。

（二）著作权转让实务中应当注意的问题

根据《著作权法》第 27 条的规定，著作财产权转让应当订立书面合同。但是，是否意味着未订立书面合同的转让就不成立或者无效呢？并非如此。《民法典》第 490 条第 2 款规定："法律、行政法规规定或者当事人约定合同应当采用书面形式订立，当事人未采用书面形式但是一方已经履行主要义务，对方接受时，该合同成立。"也就是说，即使未通过书面形式签订，著作权转让合同也有可能因为履行而成立。

（1）作品的名称。著作权转让合同并不以作品载体的交付为条件，所以著作权转让合同中必须标明作品的名称，以明晰转让的标的。为了清楚界定作品的范围，避免将来发生争议，合同中最好还应将作者的姓名、著作权人的姓名、作品创作的日期等信息予以载明。

（2）转让的权利种类、地域范围。能够转让的著作财产权种类较多，既可以部分转让，也可以全部转让。转让的权利多少，直接决定双方在合同生效后的控制能力，因此必须依照法律的规定进行明确限定。根据《著作权法》第 29 条的规定，转让合同中著作权人未明确转让的权利，未经著作权人同意，另一方当事人不得行使。至于地域范围，应该明确是中国内地还是涵盖港、澳、台地区，乃至包括世界上其他的国家和地区，以便于受让人在这些地区主张权利。

（3）转让价金及其交付日期和方式。一般而言，著作权转让价金及其交付日期和方式由转让人与受让人双方协商决定。只要符合法律规定，且双方意思表示一致，则价金相关条款有效。

（4）违约责任。违约责任是合同当事人没有履行合同义务或者履行合同义务不符合要求时应当承担的法律责任。合同中明确约定违约责任有助于保障双方利益。

（5）双方认为需要约定的其他内容。合同双方可以根据不同的实际情况，对双方需要明晰的问题进行约定。如担保条款、保密条款、争议解决条款等，只要不违背法律的强制性规定，双方达成一致，都可以成为合同的内容。

需要注意的是，根据《著作权法实施条例》第25条的规定，与著作权人订立转让合同的，可以向著作权行政管理部门备案。但法律并没有明确规定备案具有何种效力，因此备案不是合同的生效要件。从理论上讲，备案应该具有对抗效力。如果著作权人就同一权利进行多重转让的情况下，如果多个受让人均主张权利，则备案应该成为对抗要件。也就是说，著作权转让登记不是著作权转让合同成立和生效的要件，只有进行转让登记才可以发生对抗第三人的效力。

三、著作权质押

（一）著作权质押的概念

著作权质押是质押的一种，是指债务人或者第三人依法将其著作权中的财产权出质，将该财产权作为债权的担保。债务人不履行债务时，债权人有权依法以该财产权折价或者以拍卖、变卖该财产权的价款优先受偿。其中，债务人或第三人为出质人，债权人为质权人。债权人因为质押而取得的质押权是担保物权之一种。著作权质押既是著作权利用的一种方式，同时还发挥了著作财产权中的担保价值和担保功能，具有融资筹资的作用。

以著作权出质的，出质人和质权人应当订立书面质权合同，并由双方共同向登记机构办理著作权质权登记。著作权质权的设立、变更、转让和消灭，自记载于《著作权质权登记簿》时发生效力。著作权质权登记是著作权质权合同生效的要件之一。

（二）著作权质押实务中应当注意的问题

著作权质押是担保债权的法律形式，既具有担保物权和债权担保的一般法律特征，也因为著作权是一种无形财产权而具有一些不同的特点。

　　第一，著作权质押需要通过著作权质押合同的形式实现。《著作权质权登记办法》第4条规定，以著作权出质的，出质人和质权人应当订立书面质权合同，并由双方共同向登记机构办理著作权质权登记。这表明，著作权质押的实现以书面质权合同为存在前提。出质人和质权人应该订立书面合同，通过合同约定双方的权利和义务。著作权质权合同一般包括以下内容：（1）出质人和质权人的基本信息；（2）被担保债权的种类和数额；（3）债务人履行债务的期限；（4）出质著作权的内容和保护期；（5）质权担保的范围和期限；（6）当事人约定的其他事项。

　　第二，著作权质押的客体是著作权中的财产权。根据《著作权质权登记办法》的规定，著作权以及与著作权有关的权利中的财产权可以出质。可见，著作权、表演者权、出版者权、音像制作者权和广播组织者权等都可以出质。出质人应该享有著作权，以共有的著作权出质的，除另有约定外，应当取得全体共有人的同意。

　　第三，著作权质权是较为特殊的权利质权形式。著作权是一种无形财产权，著作权的变现需要借助相应的法律评判机制。由于著作权客体具有无形性，因此质权人是否实际占有作品并无实际法律意义。在著作权质押过程中，著作权可能被权利人转让或者许可，从而降低了质权实现的可能性和市场价值。因此，著作权质押中可能存在不同于动产质押或者其他权利质押的法律风险，必须建立相应的监控和检查机制。

　　第四，严格的登记制度。著作权质权合同是一种物权合同，它不同于著作权转让和许可合同。从民法原理上看，著作权质权合同本身是在双方意思表示一致后成立，只要满足合同生效的要件，著作权质权合同也应该自成立时生效。但是著作权质权合同所欲达致的物权设立、变更和消灭，必须经过物权行为——登记之后才会发生效力。通过登记建立质权的"公示公信"效力。出现法定事由的，登记机关可以依照职权撤销登记，当事人也可以申请注销登记。著作权出质期间，申请人的基本信息、著作权的基本信息、担保的债权种类及数额，或者担保的范围等事项发生变更的，申请人应办理变更登记。

第五，科学的证书管理。质权人应该持有"著作权质权登记证书"，作为权利凭证。登记机关应该建立"著作权质权登记簿"，记载著作权质权登记的相关信息，供社会公众查询。"著作权质权登记证书"的内容应当与"著作权质权登记簿"的内容一致。记载不一致的，除有证据证明"著作权质权登记簿"确有错误外，以"著作权质权登记簿"为准。

第六，合理的变现机制。著作权出质期间，未经质权人同意，出质人不得转让或者许可他人使用已经出质的权利。出质人转让或者许可他人使用出质的权利所得的价款，应当向质权人提前清偿债务或者提存。

第四节　著作权集体管理

保护著作权，是著作权法的核心问题，而在信息网络高速发展的今天，形形色色的著作权纠纷给传统的著作权保护制度提出了诸多新的课题。著作权是一种民事权利，但是在很多情况下，作者无法直接行使权利，也无法了解自己作品被使用的情况，特别是在信息时代，作品的数字化和网络化，使个人实施和管理著作权权利越来越不现实，著作权集体管理的必要性则越来越凸显。

一、著作权集体管理的概念

著作权集体管理，是指著作权集体管理组织经权利人授权，集中行使权利人的有关权利并以自己的名义进行相关的活动。

科技的发展对著作权人权利的实现而言是一把双刃剑，一方面，高科技扩充了权利的范围，权利的完整性得以加强，且出现了能对作品进行经营管理的新技术手段；另一方面，信息传播手段的多样化也给某些不法分子带来更多的可乘之机，著作权权利人的利益蛋糕被更多的不劳而获者瓜分。鉴于此，作品一旦被公开发表就面临着几乎时刻处于被侵权的状况，著作权人行使和保护权利的成本激增，单个著作权人不可能一一寻找使用者，使用者在很多情况下也无法确定权利人，著作权人以一己之力无法对作品进行有效的控制与管理，包括了解作品被使用情况、进行使用许可、获取报酬、维护权利等。如果还是用传统的著作权管理方式，势必会导致著作权人的管理成本无限加大。著作权集体管理制度无疑降低了这种管理成本，尤其在传播技术日益发达的今天，建立著作权集体管理制度具有极其重要的经济和社会意义。

二、著作权集体管理组织

从历史上看，著作权集体管理组织起源于 18 世纪后半叶的法国。1777年法国著名戏剧家博马歇创立的"戏剧立法局"被认为是世界上最古老的著作权集体管理机构的雏形。1847 年，法国的两名作曲家和一名作词家到巴黎爱丽舍田园大街的一家咖啡馆喝饮料，发现咖啡馆正在演奏他们创作的音乐。而他们事先没有许可过这家咖啡馆表演他们的作品，也没有获得过报酬。因此，三人拒绝向咖啡馆付账，理由是既然咖啡馆靠他们的音乐作品招揽生意而没有向他们付费，他们也可以不付饮料费。于是咖啡馆向法院提起诉讼。1849 年，法国法院判决这三名词曲作者胜诉。这件事使法国政府感到有必要成立著作权集体管理组织，以便于著作权人行使权利，也便于使用作品的人履行自己缴纳许可使用费的义务，并避免类似纠纷的发生。于是 1851 年，法国成立"词作家、作曲家及音乐出版商协会"（SACEM），是专门用于管理表演权的集体管理组织。随后，世界各国也纷纷仿效法国成立了著作权集体管理组织。1903 年德国成立的"音乐作品表演权集体管理协会"（GEMA）和 1914 年美国成立的"词作家、作曲家及音乐出版商协会"（ASCAP）是与之性质相同的集体管理组织，也标志着该类组织在全球范围内的兴起。到目前为止，大多数国家和地区都建立了著作权集体管理组织。

（一）著作权集体管理组织的概念

著作权集体管理组织，是指为权利人的利益依法设立，根据权利人授权、对权利人的著作权或者与著作权有关的权利进行集体管理的社会团体。它指的是接受权利人授权来控制作品的使用、与潜在的使用者谈判、以合适的价格和条件来发放许可、收取使用费以及最终将收来的使用费分配给权利人的组织。[1] 其主要管理音乐作品的表演权、播放权和机械复制权（制作录音制品的权利），美术作品的追续权，文字作品、美术作品、摄影作品的影印复制权，还有表演者和唱片制作者的邻接权等权利人难以有效行使的权利。国家版权局于 1992 年批准设立了我国第一个著作权集体管理组织——中国音乐著作权协会。其会员主要是词、曲作者和部分音像制作者和创作团体。主要管理音乐作品的表演权（包括现场表演和播放背景音乐）、广播权和录制发行权（包括制作广播电视节目、背景音乐制作、音像制品制作、网络下载等）。

一般来说，著作权集体管理组织为非营利性组织。虽然著作权集体管理组织需要根据授权收取许可费用，其活动本身带有经济意义，但是它自身不具有营利目的。也就是说，集体管理组织在将收取的费用扣除必要的成本后，应转付给著作权人。根据《著作权法》第 8 条的规定，"依法设立的著作权集体管理组织是非营利法人"，"著作权集体管理组织的设立方式、权利义务、使用费的收取和分配，以及对其监督和管理等由国务院另行规定"。可见，在我国，著作权集体管理组织并非行政管理部门，而属于社会组织，需要按照法律有关规定进行登记和公告。

（二）著作权集体管理组织的构成

除相关法律法规规定设立的著作权集体管理组织外，任何组织和个人不得从事著作权集体管理活动。根据《著作权集体管理条例》的规定，依法享有著作权或者与著作权有关的权利的中国公民、法人或者其他组织，可以发起设立著作权集体管理组织。设立著作权集体管理组织，应当具备下列条件：（1）发起设立著作权集体管理组织的权利人不少于 50 人；（2）不与已经依法登记的著作权集体管理组织的业务范围交叉、重合；（3）能在全国范围代表相关权利人的利益；（4）有著作权集体管理组织的章程草案、使用费收取标准草案和向权利人转付使用费的办法草案。

---

[1] 罗向京. 著作权集体管理组织的发展与变异 [M]. 北京：知识产权出版社，2011：3.

《著作权集体管理条例》规定了集体管理组织的设立程序。申请设立著作权集体管理组织，应当向国务院著作权管理部门提交证明符合条件的材料。国务院著作权管理部门应当自收到材料之日起 60 日内，作出批准或者不予批准的决定。批准的，发给著作权集体管理许可证；不予批准的，应当说明理由。申请人应当自国务院著作权管理部门发给著作权集体管理许可证之日起 30 日内，依照有关社会团体登记管理的行政法规到国务院民政部门办理登记手续。依法登记的著作权集体管理组织，应当自国务院民政部门发给登记证书之日起 30 日内，将其登记证书副本报国务院著作权管理部门备案；国务院著作权管理部门应当将报备的登记证书副本以及著作权集体管理组织章程、使用费收取标准、使用费转付办法予以公告。著作权集体管理组织设立分支机构，应当经国务院著作权管理部门批准，并依照有关社会团体登记管理的行政法规到国务院民政部门办理登记手续。经依法登记的，应当将分支机构的登记证书副本报国务院著作权管理部门备案，由国务院著作权管理部门予以公告。

（三）著作权集体管理组织的职责

著作权法规定的表演权、放映权、广播权、出租权、信息网络传播权、复制权等权利人自己难以有效行使的权利，可以由著作权集体管理组织进行集体管理。著作权集体管理组织经权利人授权，集中行使权利人的有关权利并以自己的名义进行的下列活动：（1）与使用者订立著作权或者与著作权有关的权利许可使用合同；（2）向使用者收取使用费；（3）向权利人转付使用费；（4）进行涉及著作权或者与著作权有关的权利的诉讼、仲裁等。也就是说著作权集体管理组织可以作为当事人进行涉及著作权或者与著作权有关的权利的诉讼、仲裁活动。如某音乐作品的词曲作者将其作品的财产权授权由著作权集体管理组织进行管理，如果该作品未经许可被他人盗版发行，该著作权集体管理组织可以原告的身份进行诉讼。

1. 与使用者订立许可使用合同

使用者使用著作权集体管理组织管理的作品，应征得其许可并支付报酬。根据《著作权集体管理条例》第 23 条规定，著作权集体管理组织许可他人使用其管理的作品、录音录像制品等，应当与使用者以书面形式订立许可使用合同。著作权集体管理组织不得与使用者订立专有许可使用合同。使用者以合理的条件要求与著作权集体管理组织订立许可使用合同，著作权集体管理组织不得拒绝。许可使用合同的期限不得超过 2 年；合同期限届满可以续订。

2. 向使用者收取使用费

著作权授权使用费标准必须公开备查，允许各方表达意见。著作权集体管理组织还应公开为不同用途而收取的著作权使用费等基本资料，提高这些机构运作的透明度。实际上，许可费并非由集体管理组织和使用人直接协商确立，而是由集体管理组织在征求意见的基础上单方面确定。对于许可使用费意见不同时，可以借助相应的机制处置。在我国，《著作权集体管理条例》第 25 条规定，除因为著作权法定许可而产生的应当支付的使用费外，著作权集体管理组织应当根据国务院著作权管理部门公告的使用费收取标准，与使用者约定收取使用费的具体数额。可见，著作权集体管理组织收取使用费的标准有两种确立规则：对于法定许可，应由国务院著作权行政管理部门确立统一的收费标准，使用者直接向集体管理组织交付，或者著作权集体管理组织按照该标准向使用者收取；对于授权许可的使用费，则由集体管理组织制定收费标准，报国家版权局审批通过后收取。我国著作权集体管理组织虽然在授权许可中有自主决定收费标准的权限，但是著作权行政管理部门往往会通过审批程序提前介入。我国著作权行政管理部门并没有建立使用费争议的裁断机构，法律上也没有要求使用费的确立必须建立在著作权集体管理组织与权利人、使用者的多方协商基础上。

实践中，还存在两个或两个以上著作权集体管理组织就同一使用方式向同一使用者收取使用费的情况。例如，在 KTV 使用音乐作品的收费中，中国音乐著作权协会可以就音乐作品的表演而收费，中国音像著作权协会可以因录像制品和视听作品的放映权使用而收取费用。为减少使用者多次重复缴费引发交易费用的增加，最好在制度设计上建立允许一个集体管理组织收费的机制。我国《著作权集体管理条例》第 26 条规定，两个或者两个以上著作权集体管理组织就同一使用方式向同一使用者收取使用费，可以事先协商确定由其中一个著作权集体管理组织统一收取。统一收取的使用费在有关著作权集体管理组织之间经协商分配。

3. 向权利人转付使用费

在我国，通过著作权集体管理组织转付使用费主要分为两种情形：第一种情形针对法定许可。使用者根据法律规定，不需要征得著作权人同意使用作品，但是必须向著作权人支付报酬。此时，使用者也可以通过集体管理组织向权利人转付使用费。第二种情形针对授权许可。著作权集体管理组织与使用人签订授权许可合同，获得相应的使用报酬后，再按照集体管理组织的章程和与著作权人的协议，定期转付使用费。当然，著作权集体管理组织通过诉讼获得损害赔偿，也应作为使用费的一部分，与正常情形下的授权使用费一起转付给权利人。

著作权集体管理组织可以从收取的使用费中提取一定比例作为管理费，用于正常的业务活动。著作权集体管理组织提取管理费的比例应当随着使用费收入的增加而逐步降低。著作权集体管理组织收取的使用费，在提取管理费后，应当全部转付给权利人，不得挪作他用。

4. 追究侵权行为和参加诉讼、仲裁

根据现行法律的规定进行解释，著作权人与集体管理组织签订的合同是信托管理合同。基于该法律关系，集体管理组织可以自己的名义从事相应的著作权管理和许可行为。在发生侵权纠纷时，著作权集体管理组织可以自己的名义参加诉讼或者仲裁活动，这体现了它与普通委托代理行为的差异。在发现侵犯著作权行为后，著作权集体管理组织并不需要就某个个案获取著作权人的单独授权，可径行以自己的名义与使用者开展法律交涉，发出律师函。在使用者拒绝支付必要费用，或者违背约定时，集体管理组织可以直接向法院提出诉讼，或者根据仲裁协议提起仲裁。

延伸阅读：音著协状告超市背景音乐侵权获赔

2008 年 4 月,音著协申请由公证处人员在美廉美超市对该超市播放的背景音乐进行录音，其中包含谷建芬作曲的《烛光里的妈妈》。

音著协认为，美廉美超市未经许可，未交纳著作权使用费，公开表演使用其管理的音乐作品作为经营场所的背景音乐，应属侵权。因此，音著协起诉至法院，要求判令美廉美超市赔偿经济损失1万元、支付维权费用6500元。

法院经审理认为，虽然在营业性场所播放背景音乐并非直接利用音乐作品获利，但可以营造氛围，提高消费者在购物过程中的愉悦程度，进而对商家的销售起到促进作用，是一种间接获利的商业性使用行为。因此，在营业性场所使用背景音乐的商家应当缴纳合理的使用费。

谷建芬是歌曲《烛光里的妈妈》的曲作者，对该曲享有著作权，其将该作品的公开表演权等权利授予音著协进行管理。本案中超市在经营期间将涉案曲目作为背景音乐播放，侵犯了歌曲作者的表演权。音著协以其名义代表曲作者提起诉讼，要求赔偿经济损失的诉讼请求，于法有据，应予支持。

最终，法院作出判决，判定美廉美超市赔偿音著协经济损失500元，并支付音著协维权的合理开支1200元。

三、著作权集体管理与著作权代理的区别

我国著作权集体管理组织作为非营利性的社会团体，比较著作权代理机构，主要有以下区别。

第一，著作权人、著作权有关的权利人，和著作权集体管理组织之间是委托代理关系，著作权人或者相关权利人基于信任将有关的著作财产权委托授权给著作权集体管理组织进行管理。著作权人授权给著作权集体管理组织进行代理活动，其关系是代理关系。著作权集体管理组织以自己的名义，在委托合同范围内对著作权人的著作财产权进行管理，即与使用者订立许可使用合同（不是专有许可使用合同），向使用者收取使用费并且

转付给相关权利人等。著作权代理是以著作权人的名义，与相对人签订许可使用合同，该合同可以是一般许可，也可以是独占许可，还可以代替签订著作权转让合同，代理人可以在授权范围内行使著作权人的一切财产权利。

第二，著作权集体管理组织是著作权人自己的组织，是非营利性的社会团体。我国《著作权集体管理条例》第 7 条规定："依法享有著作权或者与著作权有关的中国公民、法人或者其他组织，可以发起设立著作权集体管理组织。发起设立著作权集体管理组织的权利人不少于 50 人。"著作权人或者与著作权有关的权利人可以志愿申请加入该社会团体。会员大会是著作权集体管理组织的权力机关。《著作权集体管理条例》第 17 条和第19 条规定："著作权集体管理组织会员大会（以下简称会员大会）为著作权集体管理组织的权力机构"。"权利人可以与著作权集体管理组织以书面形式订立著作权集体管理合同，授权该组织对其依法享有的著作权或者与著作权有关的权利进行管理。权利人符合章程规定加入条件的，著作权集体管理组织应当与其订立著作权集体管理合同，不得拒绝。权利人与著作权集体管理组织订立著作权集体管理合同并按照章程规定履行相应手续后，即成为该著作权集体管理组织的会员。"著作权代理机构比较自由，可以是营利性或者非营利性的，既可以是自然人，也可以是法人。

第三，我国著作权集体管理组织是一种垄断性的组织。某一类作品只能在全国范围内设立一家著作权集体管理组织。《著作权集体管理条例》第 6 条规定："除依照本条例规定设立的著作权集体管理组织外，任何组织和个人不得从事著作权集体管理活动。"第 7 条规定："能在全国范围代表相关权利人的利益"，"不与已经依法登记的著作权集体管理组织的业务范围交叉、重合"，同时，第 20 条规定："权利人与著作权集体管理组织订立著作权集体管理合同后，不得在合同约定期限内自己行使或者许可他人行使合同约定的由著作权集体管理组织行使的权利。"著作权代理机构作为遵守市场经济规律的机构，同类作品可以在全国范围内自由设立多个机构，著作权人授权给著作权代理机构后，著作权人还可以自己行使权利，在著作权代理法律关系中，代理人并不是权利义务的承担者，著作权人才是权利义务的最终承担者。

第四，著作权人与著作权集体管理组织之间不是双向选择的关系。著作权人可以自主选择入会还是不入会，选择入会后，著作权集体管理组织不得做出拒绝，同时，也不得强制著作权人或者与著作权有关的权利人入会。著作权代理是双向关系，即著作权人与著作权代理机构之间是双向选择的关系，著作权人授权后，代理人可以拒绝接受授权。

第五，著作权集体管理组织以自己的名义行使和主张权利，参加诉讼和仲裁活动，著作权集体管理组织行使的权利是作者自己难以有效行使的权利。《著作权集体管理条例》第 4 条规定："著作权法规定的表演权、放映权、广播权、出租权、信息网络传播权、复制权等权利人自己难以有效行使的权利，可以由著作权集体管理组织进行集体管理。"第 2 条强调，著作权集体管理组织"以自己的名义进行涉及著作权或者与著作权有关的权利的诉讼、仲裁等"。著作权代理是以著作权人或者与著作权有关的权利人的名义进行活动，经过权利人授权后，可以行使被授予的一切广泛权利。

需要注意的是，我国著作权集体管理组织与著作权代理机构除了不同点外，还有相同的地方，即它们的法律性质相同，都是委托代理关系。

【思考与练习】

1. 2020 年甲创作了一本 500 页的小说，2021 年乙出版社将甲的小说发行并印刷了 2000 册，请问甲是否拥有 2000 册书的所有权，而该书的购买者是否拥有此书的著作权？

2. 由 A 话剧团、B 话剧团、C 影视制作公司联合录制，D 文化传播公司制作总经销，E 音像出版社出版发行的电视连续剧《激情燃烧的岁月》深受观众喜爱。剧中先后使用了《解放区的天》《北风吹》《保卫黄河》《延安颂》等 9 首音乐作品，有的为演员演唱，有的为乐器合奏。但制片方没有取得著作权人的许可，片中没有指明作品的来源，也没有支付报酬。著作权人向法院提起诉讼，请求判令被告（录制者、经销者和发行者）侵权，并赔偿损失。被告则辩称，其使用上述作品是作为背景音乐使用，且使用时间非常短，属于合理使用，不构成侵权。请思考：（1）被告的行为是否构成合理使用？（2）合理使用的判断标准是什么？

3. 路某为制作一部宣传新中国成立 70 周年的短片，决定使用一首大家耳熟能详的歌曲作为短片的背景音乐。为取得授权，他与唱片公司进行多次商谈，终因对方要价太高而作罢，无法取得授权，此时路某应当如何解决呢？

4. 某 A 在日本出差，发现某日本明星在该地贩卖的正版 CD 比国内便宜许多，于是一口气购买 300 张 CD，拟在回国后在电商平台售卖，请问某 A 的行为是否构成对 CD 著作权人权利的侵犯？

5. 著作权与作品载体的相互关系如何？

6. 著作权经营的方式有哪些？

7. 如何正确理解著作权的合理使用？

8. 著作权集体管理的优势有哪些？

9. 著作权作品登记管理有哪些注意事项？

10. 著作权管理与其他类型知识产权管理的联系与区别有哪些？

参考文献

［1］ 肖延高，范晓波，万小丽，等．知识产权管理：理论与实践［M］．2版．北京：科学出版社，2020.

［2］ 安雪梅．知识产权管理［M］．北京：法律出版社，2015.

［3］ 王黎萤，刘云，肖延高，等．知识产权管理［M］．北京：清华大学出版社，2020.

［4］ 江苏省知识产权局．企业知识产权管理实务［M］．北京：知识产权出版社，2016.

［5］ 曾德国．企业知识产权管理［M］．北京：北京大学出版社，2015.

［6］ 朱雪忠．知识产权管理［M］．2版．北京：高等教育出版社，2016.

［7］ 马忠法，胡传实，尚静．知识经济与企业知识产权管理［M］．上海：上海人民出版社，2011.

［8］ 毛金生，陈燕，李胜军，等．专利运营实务［M］．北京：知识产权出版社，2013.

［9］ 陈浩．企业知识产权管理实战指引［M］．武汉：华中科技大学出版社，2020.

［10］ 朱克电，毛炳，马先征．知识产权管理实务［M］．北京：知识产权出版社，2017.

［11］ 宋伟．知识产权管理［M］．合肥：中国科学技术大学出版社，2010.

［12］ 陈震，武东兴．版权资产运营与管理［M］．北京：知识产权出版社，2020．

［13］ 冯晓青．知识产权法热点问题研究（第6卷）［M］．北京：中国政法大学出版社，2021．

［14］ 中华全国律师协会知识产权专业委员会．知识产权商用化实务研究［M］．北京：中国法制出版社，2021．

［15］ 杨安进．知识产权经典案例：研读与评析［M］．北京：知识产权出版社，2021．

［16］ 许钊．知识产权前沿理论与实践研究［M］．北京：中国商务出版社，2020．

［17］ 教学法规中心．知识产权法［M］．北京：中国法制出版社，2021．

［18］ 朱宁．知识产权运营实务［M］．北京：知识产权出版社，2020．

［19］ 戚湧，董新凯．知识产权保护与高质量发展［M］．北京：知识产权出版社，2019．

［20］ 吴汉东．知识产权基础问题研究［M］．北京：中国人民大学出版社，2019．

［21］ 吴汉东．知识产权前沿问题研究［M］．北京：中国人民大学出版社，2019．

［22］ 吴汉东．知识产权总论［M］．4版．北京：中国人民大学出版社，2020．

［23］ 刘春田．知识产权法学［M］．北京：高等教育出版社，2019．

［24］ 朱显国．知识产权代理实务［M］．北京：知识产权出版社，2017．

［25］ 戚湧，董新凯．新时代知识产权发展与变革［M］．北京：知识产权出版社，2020．

［26］ 梅术文．著作权法：原理、规范和实例［M］．北京：知识产权出版社，2014．

［27］ 国家知识产权局．专利审查指南2010（2019年修订）［M］．北

京：知识产权出版社，2020.

[28] 张锐．商标实务指南［M］．3 版．北京：法律出版社，2019.

[29] 国家知识产权局专利局初审及流程管理部．专利申请须知［M］．北京：知识产权出版社，2019.

[30] 彭飞荣．知识产权融资风险规制研究［M］．北京：法律出版社，2018.

[31] 国家知识产权局商标局．类似商品和服务区分表［M］．北京：知识产权出版社，2020.

[32] 黄炎娇．商标流程管理［M］．北京：冶金工业出版社，2019.

[33] 国家工商行政管理总局国际合作司．商标品牌保护与发展［M］．北京：中国工商出版社，2018.

[34] 叶文庆．商标代理实务［M］．厦门：厦门大学出版社，2017.

[35] 国家版权局版权管理司．著作权法执行实务指南［M］．北京：法律出版社，2013.

[36] 郑成思．知识产权法［M］．北京：法律出版社，1997.

[37] 郑成思．著名版权案例评析［M］．北京：专利文献出版社，1997.

[38] 郑成思．版权法［M］．北京：中国人民大学出版社，2009.

[39] 曹新明，梅术文．知识产权保护战略研究［M］．北京：知识产权出版社，2010.

[40] 江苏省知识产权局．专利商标行政执法实务［M］．北京：知识产权出版社，2020.

[41] 魏保志．专利审查理论与实践［M］．北京：知识产权出版社，2020.

[42] 国家知识产权局学术委员会．专利分析实务手册［M］．2 版．北京：知识产权出版社，2021.

[43] 国家知识产权局条法司．专利法研究（2019）［M］．北京：知识产权出版社，2020.

［44］ 赵雷．商标法典型案例评析与实务策略［M］．北京：法律出版社，2021.

［45］ 广州知识产权法院．商标法实务研究［M］．北京：法律出版社，2021.

［46］ 张曼，方婷．商标法教程［M］．北京：清华大学出版社，2021.

［47］ 朱妙春．商标及专利纠纷案代理纪实：典型案件诉讼策略详解［M］．北京：中国法制出版社，2020.

［48］ 孙松．著作权集体管理组织行为的法律规制研究［M］．北京：法律出版社，2021.

［49］ 杨柏勇．著作权法原理解读与审判实务［M］．北京：法律出版社，2021.

［50］ 孙玉荣，等．著作权法前沿热点问题探究［M］．北京：知识产权出版社，2020.

［51］ 吴汉东．著作权合理使用制度研究［M］．4 版．北京：中国人民大学出版社，2020.

［52］ 刘华俊．著作权诉讼典型案例指引［M］．北京：知识产权出版社，2018.

［53］ 李扬．著作权法基本原理［M］．北京：知识产权出版社，2019.

［54］ 刘劭君．权利限制与数字技术：著作权合理使用制度的变革［M］．北京：知识产权出版社，2019.

［55］ 权鲜枝．专利实务指南［M］．上海：上海交通大学出版社，2012.

［56］ 国家工商行政管理总局．商标注册与管理［M］．北京：中国工商出版社，2012.

［57］ 李正华．知识产权法实务［M］．武汉：武汉大学出版社，2010.

后　记

知识产权人才是我国实施知识产权强国战略的重要组成部分之一。在经济、贸易、科技全球化背景下，提高自主创新能力，是推进经济结构调整、转变经济增长方式的中心环节，是经济社会发展的有力支撑。努力创造自主创新的体制和环境，不断深化体制改革，建立公平、有序的竞争秩序，全面有效地实施知识产权制度，需要大量高素质的知识产权实务人才。知识产权实务人才是一种复合型人才，理想的知识产权实务人才应有一定的理工科背景和扎实的法学基础，并掌握一定的工商管理和经济学知识。有鉴于此，本书以最新修订的《商标法》《专利法》《著作权法》等知识产权相关法律法规、政策为基础，结合知识产权实务工作经验，为高校知识产权创新型、复合型人才培养提供指导与参考。

在本书编写组织上，张颖露、朱力影老师负责前期调研和资料搜集，搭建章节框架，并对全书进行统稿和审核修改。本书各部分撰稿详细信息如下：

张颖露，第1~4章。

朱力影，第1章、延伸阅读、思考题。

本书是南京理工大学知识产权学院文库系列丛书之一，得到江苏省实验教学与实践教育中心建设专项经费资助。本书编写和出版过程中，得到南京理工大学知识产权学院、知识产权出版社的大力支持。知识产权学院曾培芳副院长、马雯洁老师对本书出版进行组织与协调，并多次过问本书的编写情况；知识产权出版社刘江编辑对书稿进行了精心加工。对此，我们表示衷心的感谢。

限于作者水平，书中不足之处，敬请批评指正。